拝み屋備忘録

鬼念の黒巫女

郷内心瞳

竹書房怪談文庫

一線というもの

ついカッとなってボコボコにしてやったんだけど、気づいたら死んでたんですよね。

時給一万のバイトって聞いたんで飛びついたんですけど、特殊詐欺の受け子でした。

アイドルになれるって話だったのに、いつのまにかAV女優にさせられていました。


いずれも貴重な将来を棒に振ったと評すべき、実に惨憺《さんたん》たる結果である。

別段、今に限った話ではないのだろうけれど、日頃、雑多なニュースを眺めていると、一線を越える動機が緩《ゆる》すぎると思うし、踏み越える者も多くなったような印象を受ける。

一線とは境界線のことである。

迂闊《うかつ》に渡れば最後。もう二度とは元に戻ることのできない、地獄へ続く瀬戸際を差す。

当たり前の警戒心とそれなりの想像力さえ備わっていれば、夢にも越えようなどとは思わないものであるはずなのに、斯様《かよう》に無惨極まる末路をたどる者が後を絶たないのは、やはりこれらの不足や欠如が要因か。あるいは隠れた破滅願望の発露であろうか。

郷里の宮城で、拝み屋という特殊な仕事を営んでいる。

人によっては聞き慣れず、何やら怪しげな印象を抱かれる向きもあるかもしれないが、拝み屋とは書いて字のごとく、拝むことがその務めである。

先祖供養を始めとして、家内安全や交通安全、受験合格、安産などに関する加持祈祷《かじきとう》。歳末の大祓《おおはら》いに正月の春祈祷。屋敷祓いに地鎮祭《じちんさい》。以上に加え、時には憑《つ》き物落としや悪霊祓いといった、少々際どい仕事を請け負うこともある。

いずれも依頼主の願いに合わせ、あるいは私自身が彼らの持ちこむ案件から判断して、最善と見做《みな》した祈祷や祓いを執り行う。拝み屋の業務内容とは、概《おおむ》ね然様《さよう》なものである。

こうした仕事を生まれ育った宮城の田舎町で、かれこれ二十年近くも続けている。

神仏を始め、祖霊や亡魂《ぼうこん》、場合によっては物《もの》の怪《け》のたぐいまで相手にする仕事なので、自ずと奇怪な体験をすることや、身の毛もよだつ事象に見舞われる機会も多い。

日常生活における危険な一線と同じく、こちらの世界にも一線というものは存在する。同じく結果を知ってか知らずか、その一線を易々《やすやす》と踏み越えてしまう輩《やから》もまた存在する。

聖なるものへの冒涜《ぼうとく》、死者への不敬、禁足地への侵入、歪《ゆが》んだ願いに基づく加持祈祷、怪しき呪法や降霊術の実践、視えざる者たちの力を侮《あなど》る生半《なまなか》な接触。

これらは全て地獄へ続く境界線を踏み越える、極めて危険な所業と言わざるを得ない。その後にいかなる凶事や惨禍《さんか》に見舞われようが自業自得と言うべきものだが、迂闊にもその一線を踏み越えてしまった者たちが、折りに触れては私の許へ泣きついてくる。

まさに後悔先に立たず。長年、彼らを見舞った災《わざわ》いの数々を見るにつけ、私でさえも身につまされる思いに駆られること頻《しき》りである。それほどまでにこの世ならざる彼らの齎《もたら》す負の威力には、凄《すさ》まじいものが感じられる。

本書ではそうした「危うすぎる一線」を踏み越え、とんでもない目に遭ってしまった人物たちの恐るべき体験談を中心にまとめてみた。

親愛なる読者諸氏においてはどうか、本書を熟読されて「禁忌を犯す」ということがいかなることかを仔細《しさい》にご理解いただき、違えても同じ轍《てつ》を踏むようなことのなきよう、肝に銘じる機会になっていただければ幸いである。

ただそうは言っても、視えざる一線というものは、決して一方通行ではないから困る。こちらに渡る気がなくとも、時には彼らが向こうから勝手にやってくることもあるのだ。だからくれぐれも油断のなきよう、最後まで気をつけて頁《ページ》を捲《めく》り続けていただきたい。

願わくば、あなたにとって物々しくも気づきに満ちた読書体験になられることを。

目次

※本書に登場する人物名は様々な事情を考慮して仮名にしてあります。

身のほど知らず

美容関係の仕事をしている郁乃《いくの》さんの身に起きた話である。

ある時彼女は、対人関係の悩みを相談するため、隣町にある霊能師の仕事場を訪ねた。

以前から職場の上司と同僚に気に食わない人物がいて、ギスギスすることが多かった。そのストレスは半端なく、ここ最近は偏頭痛を起こしたり、肌荒れがひどくなったりと散々な目に遭っていた。

かくなるうえは人知を超えた力を以《も》って、憎いふたりを職場から排除してもらおうと考えたのである。

霊能師は四十代半ば過ぎの女性で、着物姿の麗《うるわ》しい、楚々《そそ》とした雰囲気の人物だった。事前に調べたネットの口コミは上々だったし、実際に対面した時の印象もよかったので、これなら期待が持てそうだと感じた。

だが、相談が始まってまもなく、彼女に対する評価は一変する。

「先生のお力で、困った上司と同僚に、どうか鉄槌《てっつい》を下していただきたいんです」

ふたりの歪んだ人格に当てられ、これまで自分がどれほどひどい被害を被《こうむ》ってきたか。長々と事情を打ち明けて切りだした郁乃さんの願いを、霊能師はにべもなく突《つ》っ撥《ぱ》ねた。

予想だにしなかった反応に「どうしてですか？」と尋ねると、彼女は苦笑いを浮かべ、「おそらく、どちらもどちらでしょうから」と答えた。

最前までの説明を聞く限り、上司と同僚の人格にも確かに問題はあるのだろうけれど、その一方で郁乃さん自身にも、改めるべき点がありそうだと彼女は言う。

自分が気に食わないと思う相手は、力尽くで潰してしまえばいい。

斯様に短絡的で無慈悲な思考を持って生きているから、自ずと他者との軋轢《あつれき》が生まれ、あなたは絶えず苦しむことになってしまうのだ。

自分の気持ちが変われば、相手も変わる。これから巡り合える人の質も変わっていく。けれどもあなたの気持ちが変わらなければ今の苦境も決して変わらない。これから先も他者とのトラブルを繰り返しながら、苦しみ続けていくことになるだろう。

誰かを潰して排除することより、自分自身の在り方について考えたほうがよろしい。

和歌を詠《よ》むように奥ゆかしくも、それでいて芯の通った強い声風《こわぶり》で女は滔々《とうとう》と宣《のたま》った。

なるほど。確かに正論だとは思った。だが気に食わなかった。

わざわざ高い金を持参して相談に訪れたのは、したり顔で説教をされるためではない。脳裏に顔が浮かんだだけで虫唾《むしず》が走る上司と同僚を、徹底的に潰してもらうためである。

それなのにこの女は、こちらの願いを拒否した挙げ句、偉そうに説教まで垂《た》れている。客に向かって一体どういう態度なのかと憤った。

「分かりました。もう結構です。二度と来ません、こんなとこ」

冷ややかな声でぴしゃりと言い放つと、あとは有無を言わせず女の前から立ち去った。

「ざまあみろ」と思いながら家路に就く。

だが帰宅したのちも腸《はらわた》は煮えくり返ったまま、怒りは一向に鎮まる気配がなかった。

どうして自分がこんな目に遭わねばならないのかと考えると、ますます怒りがたぎって抑《おさ》えが利かなくなってくる。

ネットの口コミで悪評をつけてやろうかとも思ったが相手は一応、呪術のプロである。万が一、こちらの身元が割れたら、得体の知れない報復を受ける可能性もゼロではない。のぼせた頭でもそれぐらいのリスクを危ぶむ冷静さはあった。

そこへはたりと妙案が浮かぶ。報復だったら、もっと手軽にできる手段があった。

自室の机に置いてあるメモ帳から紙を一枚剥《は》ぎ取り、それを鋏《はさみ》で人の形に切っていく。綺麗に切り終えると、今度は人形《ひとがた》を模した紙のちょうどまんなか、胴体に当たる部分にボールペンで女の名前を縦書きで記した。

以前、心霊関係の書籍か何かで、素人でも簡単に実践できる呪いのやり方というのを読んだことがある。それがこの、人形に切り抜いた白紙を用いる呪術だった。

呪いたい相手の名前を紙の上に書き、針を突き立てるだけでよいのだという。

あまりにも簡素なやり口だったので、効果については正直なところ、半信半疑だった。だから敢《あ》えて上司と同僚を相手に仕掛けてみようと考えたこともない。

だが、今なら試しに実践してもよさそうだと思った。

仮に効こうが効くまいが、そこそこ鬱憤《うっぷん》は晴らせるだろうし、本当に効き目があれば願ったり叶ったりというものである。

加えて向こうは、曲がりなりにも「プロ」なのだ。

素人ごときが仕掛ける呪いにどれだけ耐えられるのか興味があったし、自分が呪いを掛けられたこと自体に気づくかどうかも含め、面白そうな試みだと思った。

手始めに縫《ぬ》い針で胸のまんなかを刺してみる。「くたばれ」と思いながら突き刺した。内心、「馬鹿馬鹿しい」と思う気持ちもないわけではなかったが、いざ実行してみると殊《こと》のほか気分がよくて胸がすいた。

続いて今度は、股間の部分に針を突き立てた。「これで女は卒業ね！」と笑いながら、紙の上に刺さった針の先端をぐりぐりと念入りに回す。

するとますます楽しくなってきた。「効いてるかな？　絶対効いてるはずだよね」とほくそ笑み、さらには胴から四方に伸びた手足に向かってずぶずぶと執拗《しつよう》に刺しまくる。手のひらサイズのちっぽけな人形は、みるみるうちに穴だらけになった。

無傷で残っているのは唯一、頭の部分だけである。

「最後のお楽しみに」と思って、わざと手をつけずにおいた。

「澄ました顔をぐしゃぐしゃに、賢い頭もめったくそにしてやるよ」

物言わぬ人形に向かって唸《うな》るような低い声で凄むなり、顔のどまんなかに思いっきり針を突き立て、刺さった針をじくざくに掻《か》き回した。

「ざまあみやがれクソ女、ムカつくんだよクソ女、上から物言ってんじゃねえよクソ女、どうだ痛いか、クソ女。嫌ならなんとかしてみろよ。止めれるもんなら止めてみろ！」

鋭い針の先端に切り裂かれ、みるみる形を失っていく薄っぺらい頭部に毒づきながら、「してやったり」と思うさなかのことだった。

目の前に突然、両目をかっと見開いた女の顔が現れ、視界一面を埋め尽くした。

霊能師の女だった。満面には憤怒《ふんぬ》の形相が、燃えたぎるように明々と刻まれている。

「ひっ！」と叫んで身を竦《すく》めた瞬間、目の前が真っ暗になって意識がふつりと切れた。

どろどろと淀んだ心地で気がつくと、時刻は深夜を大きく過ぎていた。

机の上にぐたりと突っ伏したまま、半日近くも伸びていたらしい。

上体を起こしてまもなく、顔面にひりひりとした疼《うず》きを感じた。鏡に顔を映しこむと、鼻先と両頬《ほほ》が毒々しい赤紫に染まって腫《は》れていた。すぐに只事ではないと察する。

夜間診療をおこなっている最寄りの総合病院へ駆けこんだところ、凍傷と診断された。

寒い季節ではなかったので医者も不思議がっていたが、紛《まぎ》れもなく凍傷だという。

適切な処置はしてもらったものの、鼻頭と両頬のまんなか辺りには青黒い痕が残った。

数年経った今もなお、わずかも薄まる気配はないという。

生兵法《なまびょうほう》で愚かな真似をしたことを、郁乃さんは心底後悔しているそうである。

屋根踊り

数年前の初夏、大学生の沙耶《さや》さんが、こんなものを目にしてしまったそうである。

雨のそぼ降る夕暮れ時、住宅街の中に立つ自宅の門前まで帰ってくると、屋根の上で何かが忙《せわ》しなく動いているのが見えた。

水色の病院着らしきものを着た老婆で、雨粒にまみれた白髪を激しく振り乱しながら、盛んに四肢をばたつかせている。踊っているかのようだった。

視線をさらに凝《こ》らして見てみると、屋根の上にいるのは、沙耶さん宅の近所に暮らす、タエという名の老婆だった。

少し前から病気で入院していると聞いていたので、服装を見ているうちにぴんと来た。

だが、彼女があんな姿で屋根の上にいるというのは、どう考えてもおかしなことである。

次第に怖くなってきた。

そこへタエがふっと、こちらへ視線を向けた。

思わず悲鳴をあげたとたん、タエは屋根の向こうへ跳ねるような勢いで消えていった。

すかさず家の中へ飛びこむと、普段なら居間のほうから「おかえり」と言ってくれる祖母の声が聞こえてこない。怪訝《けげん》に思って様子を見に行ったところ、祖母は居間の床に大の字になって伸びていた。

脳梗塞《のうこうそく》だったという。祖母はその日のうちに帰らぬ人となった。

一方、祖母の死からまもなくして、件《くだん》のタエは無事に病気が治って退院してきた。

たまに近所で姿を見かけるけれど、特にこれと言っておかしな様子は見受けられない。

生前、祖母は長らくタエと不仲の関係だった。主にはゴミ出しの仕方が気に食わない、人の陰口を撒《ま》き散らす下劣な性根に虫唾が走る、などというのが祖母の言い分だったが、傍から見る限りでは、単にそりが合わなかっただけではないかと思う。

屋根の上で一心不乱に踊るタエの姿と、急逝《きゅうせい》した祖母。

互いの関係性を裏付ける証拠はないにせよ、それでも当時の状況を俯瞰《ふかん》して見る限り、両者の間であの日、何がしかの不穏な作用があったように思えてならない。

今でも沙耶さんは、祖母の死の原因に関して不審の念を抱き続けているという。

抹消

ユーチューバーの内川《うちかわ》さんから聞かせていただいた話である。

数年前の夏場、内川さんは友人とふたりで関西地方のとあるパワースポットを訪れた。

詳細は伏せるが、渓谷沿いに位置する全国的にも有名な場所である。

敷地の中には険しい岩窟《がんくつ》があり、その最奥部には珍しい形の御神体《ごしんたい》が奉《まつ》られている。

岩窟から先は撮影禁止になっていたのだけれど、内川さんはユーチューバーである。

それも、世間的には「迷惑系」と呼ばれるジャンルに属するユーチューバーだった。

受付で「撮影禁止」の旨《むね》を説明されたが、岩窟の中へ入るなり、持参したバッグから取りだしたビデオカメラを回して進み始めた。

目的は心霊映像の撮影。「夏休み特別企画」などと称して、モノはなんでもいいから怪しげな現象を収《おさ》めた画を流して、再生数を稼ぐつもりだった。

「発生率にブーストをかけるため」ということで撮影中は友人とふたり、現場の様子を口汚く罵《ののし》りながら進み続けた。内容は比較的マイルドなものから、公開時にはピー音を入れざるものを得ないものまで様々だったが、いずれも不敬な発言ばかりである。

互いの吐きだす言葉にゲラゲラ笑いつつ、じめじめした岩間をしばらく進んでいくとやがて視界の前方が開け、出口へたどり着いた。

岩窟を抜けた先には、とても奇妙な形をした御神体が緑の樹々を背に鎮座している。

最後に「とどめの記念撮影」ということで、内川さんが御神体に尻を向けて突っ立ち、さらには満面に下卑《げび》た笑みを浮かべて中指も突き立てた。

「はい、チーズ！　フ●ッキン・ゴッド！」

友人が構えたデジカメに向かって、いわゆるFコードと呼ばれる放送禁止用語を叫ぶ。

とたんに「ぽん」と鈍い音がして、カメラから黒い煙が細くあがった。

すかさず友人の許へと駆け寄り、カメラを検《あらた》めてみたところ、どうやら内部の基盤が焼け焦げてしまったようだった。電源を入れ直しても、うんともすんとも言わない。

さらには先刻まで岩窟内を撮影していたビデオカメラのほうも焦げた臭いが漂《ただよ》って、こちらもまったく使い物にならなくなっていたそうである。

ほっかむり

江連《えづれ》さんという、広告代理店に勤める男性が体験した話。

ある年の夏場、同僚と三人で地方の温泉宿へ泊まりがけの取材旅行へ出掛けた。

宿に泊まって一夜が明けた翌日の午後、同僚たちと付近の散策をしていると、宿からほど近い丘の上にコンクリート製の大きな建物が見えた。外壁は陰気な灰褐色《はいかっしょく》に染まり、窓の大半は割れて、中から黒い闇が覗《のぞ》いている。

どうやら廃墟のようだった。

敷地の表に立つ看板を見ると、元は鉄工所だったらしい。

「気味が悪いなあ」と江連さんが独りごちると、同僚のひとりが「写真を撮りたい」と言いだした。デザイン関係の資料にしたいのだという。

ちょうどお誂《あつら》え向きの季節だし、軽い肝試しも兼ねて中へ入ってみることにした。

窓が破れてほとんど吹き曝《さら》しになっている内部を一頻り、順に回って歩く。

かつては仕事で使う機材が並んでいたとおぼしき広間はほとんど伽藍堂《がらんどう》になっていて、声をあげると小さく木霊《こだま》が響いた。

カメラを構えて歩く同僚を先頭にどんどん奥へと進んでいく。薄汚れた通路に面して並ぶドアを片っ端から開けては入り、同僚の写真撮影に付き合った。

三十分ほどで内部を一巡りしてくる。取り立てて変わったものは見つからなかったし、特に怪《あや》しい現象が起こることもなかった。

ところが外へ出るなり、江連さんの顔を見た同僚たちが「うおっ！」と声をあげた。

「なんだよ?」と尋ねると、ふたりは不審そうな顔で江連さんの頭を指差す。

そこで江連さんも自分の頭に違和感があることに気がついた。

恐る恐る両手で触れてみたところ、指先にさらさらとした布の感触が伝わってくる。

ぎょっとなって剥ぎ取ってみると、飴色に変色した古い手拭《てぬぐ》いが手の中に現れた。

同僚たちが語るには、建物を出た江連さんは手拭いをほっかむりしていたのだという。

「いつのまに被《かぶ》ったのか?」と訊かれたが、こんなものを被った覚えなどなかった。

その場に手拭いを放り捨てると、顔色を真っ青にして逃げ帰ったそうである。

寄り添われ

昭和の終わり頃、亮子《りょうこ》さんの祖父が病気で亡くなった時の話だという。

遺体は帰宅後、自宅の奥座敷に組まれた祭壇の前に安置された。

生前、写真がひどく少なかったことと、その死に顔がとても穏《おだ》やかなものだったので、家族で相談し合い、最期の姿を写真に収めることにした。

後日、納骨も終わった頃に写真を現像にだした。

仕上がった写真の一枚には布団の中で横たわる祖父の顔と、その隣で寄り添うように寝そべる、真っ白い顔をした女が写っていた。

女はカメラに視線を向けて笑っていた。歯は鉄漿《おはぐろ》が塗られているようにどす黒かった。

家族の誰もが、見たことのない女だった。

写真はその日のうちに菩提寺《ぼだいじ》へ持っていき、焚《た》きあげてもらったという。

水子参り

保育士の千鶴《ちづる》さんから、だいぶ前に聞かせていただいた話である。

ある年の三月、春の彼岸に千鶴さんは、学生時代に他界した友人の墓参りに出掛けた。

墓地は田舎町の片隅に聳《そび》える山裾に位置しており、周囲を雑木林を囲まれているため、昼でも夕時のように薄暗い。

その日は昼過ぎに墓地へ参じたのだけれど、日差しが麗《うら》らかな時間帯にもかかわらず、墓地の中は頭上に鬱蒼《うっそう》と生い茂る樹々の葉に陽光を遮《さえぎ》られ、湿っぽい土の香りとともに、どんよりとした仄黒《ほのぐろ》さに包まれていた。

墓地の方々では線香の煙が白々と揺らめいていたが、人の姿は見えなかった。

耳に聞こえてくるのは、さざ波のようにざわめく葉擦れの音と、頭上で時折鳴き喚《わめ》く鴉《からす》の太い声くらいのものである。

友人の墓前に向かい、供物《くもつ》と供花を捧げ、瞑目《めいもく》しつつ手を合わせる。

冥福を祈り終えて目を開くと、墓地の中は先刻よりも心なしか暗さが深まり、空気も幽《かす》かにひんやりしてきたような気がした。長居する理由もないので供物をバッグに戻し、墓の前から立ちあがる。

墓地の入口に停めた車に向かって歩いていると、ふいにどこからか「ひゃーん！」と甲高い声が聞こえてきた。

一瞬、獣の声かと思ったのだけれど、なんだかしっくりこなくて確信が持てない。

そこへ再び「ひゃーん！」と声。

今度は分かった。小さな子供の泣き声である。

声がしたほうへ首を向けると、墓地の奥にひっそりと立つ、古びた地蔵が目に入った。背丈が一メートル近くもある大きな地蔵だったが、身体のあちこちは斑《まだら》状に苔生《こけむ》して、身の端々が千切り取られたかのように崩れて欠け落ちている。

地蔵は四角い台座の上に屹立《きつりつ》していた。そばに寄って行ってみたところ、台座の表に「水子《みずこ》供養塔」と彫られた文字が確認できた。捧げた供物は持ち帰るのが決まりのため、地蔵の前に見当たらないのは道理だけれど、線香や献花が手向《たむ》けられた形跡もない。

地蔵の朽ち加減も見て、長らく満足に手を合わせてもらっていないのだろうと感じた。せっかくの彼岸だというのに哀れなことだと思う。

折しも最近、産休をとっていた職場の先輩が流産したばかりでもあった。生まれてくるはずの我が子を亡くした先輩の無念に思いを巡らすたび、胸が詰まって苦しかった。公私に関係なく、子供のことは昔から大好きだし、自分にできることならなんでもしてあげたいと思っている。

緑の苔と土埃《つちぼこり》に薄汚れた地蔵の相貌《そうぼう》を見ていると、小さな子供の顔と面影が重なって、無性に憐憫《れんびん》を誘う。「せっかくだから」と、先刻友人の墓前に供えた供物をバッグから取りだし、地蔵の前に捧げ直した。

余った線香の束に火をつけ、しゃがみこんで手を合わせる。

お腹いっぱい食べるんだよ。寂《さび》しかったね、悲しかったね。

でも大丈夫。お姉さんがしっかり祈って、みんなを元気にしてあげるからね——。

そんな気持ちを精一杯こめて合掌し、再び車へ向かって歩きだす。

お昼はしっかり食べてきたのだけれど、なんだか小腹が空いてきた。バッグに戻した供物の饅頭《まんじゅう》を掴《つか》みだし、歩きながら齧《かじ》りつく。

手のひら大の饅頭はあっというまになくなり、続いてふたつ目の饅頭に手をつけた。

ふたつ目もすぐに平らげ、今度はスナック菓子の封を切ってばりばりと頬張り始める。

車に乗りこむ頃にはスナック菓子も食べきってしまったが、まだまだ腹は満たされない。

運転しながらパックの団子やチョコレートの封を次々と開け、夢中で口に運び続けた。

まもなくすると、道の向こうに小さなドライブインが見えてきた。

看板が目に入るなり、猛烈な飢餓《きが》感を覚えて即座にハンドルを切る。

チャーシュー麺の大盛りとハンバーグを頼み、吸いこむような勢いで平らげたのだが、それでも腹は満たされなかった。続いてカツカレーとエビフライを注文したのだけれど、それらを完食しても食べたい気持ちは治まらない。

けれども、さらに注文したオムライスと焼きそばを一心不乱に頬張っていた時だった。

胃の腑《ふ》がふいにずんと重くなり、続いて凄まじい吐き気に見舞われた。

堪えるまもなく「まずい」と思った時には、胃の腑をぱんぱんにしていた料理を全て、テーブルの上へと盛大に吐き戻してしまう。

ここでようやく正気に戻った。

なぜに自分は、こんなに腹を空かせていたのだろう？　普段はラーメンの一杯でさえ残すことがあるほど、小食である。斯様な大食など、ありえるはずのないことだった。

胃の腑がすっかり空になってからは、食欲も完全に消え失せた。代わりに先刻までの信じられない食欲と惨憺たる結果の両方に蒼《あお》ざめながら、千鶴さんは呆然とした心地で家路に就いた。

のちになって原因が分かった。保育園に勤める同僚が教えてくれた。

墓地の中に祀《まつ》られている無縁仏《むえんぼとけ》や水子の供養塔というのは本来、墓を管理している住職などが手を合わせるもので、縁のない者は極力関わらないほうがいいのだという。

なぜなら彼らは、見知らぬ誰かの善意に飢《う》えているからである。

それがたとえ、心からの手向けだろうと気まぐれだろうと、手を合わせてくれた者に多大な依存を来たし、時にはとり憑く場合もあるのだという。

あくまで俗説とのことだったが、身をもって異様な体験に見舞われた千鶴さんは以来、身内と知人の墓以外には絶対近寄らないようにしているそうである。

視えぬを見やる

千鶴さんか。気の毒な話だったよな。今はどうしているのだろう。

墓石の間を吹き抜ける寒風に身を竦ませながら、脳裏に湧いた昔の話に思いを巡らし、音にならないため息を尖《とが》った唇から犬笛のごとく、ひっそりと漏《も》らす。

二〇一八年十一月半ば過ぎ、宮城はすでに冬の兆《きざ》しが見え始めていた。

野山にそよぐ色無き風は、時折肌に染みこむような冷たさを帯び、見あげる空の色は抜けるような青から、くすんだ水色や灰色に染まる日がおしなべて多くなりつつあった。

この調子だと、まもなく雪も降るかもしれない。冬はもうすぐ、そこまで迫りつつある。

今年も長くて厳しい宮城の冬季が始まるのである。

その日の昼下がり、私は自宅からほど近い距離にある墓地の中にいた。

目的は、この世ならざる者たちの姿を視るため。

我が目にそれが視えるのであれば、墓に眠る祖霊でも、墓地の中をうろつく死霊《しりょう》でも、あるいは狐狸《こり》妖怪のたぐいであっても構わない。

たとえ姿が視られずとも、せめて声や気配を感じるだけでもいい。とにかくどんなに微細《びさい》な印でも構わないから、この世ならざる者たちの存在をこの身でしかと感じたい。

そんな思いを秘めつつ、独りで墓地へ参じていた。

他人の目には見えない者たちの姿が視え、耳には聞こえない声や音が聞こえてしまう。物心がつく頃には当たり前のように備わっていた、自身の極めて特異な感覚。

それらがほとんど機能しなくなったことに気がついたのは、つい数日前のことだった。原因は様々に考えられたが、いずれも憶測の域を脱せず、未だに確信は得られずにいる。

原因の究明も大事だが、それ以上に感覚を戻すことのほうが重要と判じた。

だからこうしてここ数日、いかにも何かが潜んでいそうな場所を巡り歩いては居座り、視えざるものを視ようと躍起《やっき》になっている。

けれどもどうやら今回も、空振りだったようである。かれこれ二時間近くも墓の中をぶらついているが、死人や異形《いぎょう》の姿はおろか、声や気配すらも感じ取ることができない。そろそろ引きあげるべきかと思い始めたところである。

今年は本当に予想だにしないことが次々と起こる。

墓地の外へと向かって歩きながら再び長いため息をこぼしつつ、今日へと至る流れに漫然《まんぜん》と思いを巡らせていく。

一月の末頃に妻の真弓《まゆみ》が重い病気に倒れ、ほどなく実家に引き取られていった。

まともに意思の疎通もできなくなった真弓の意向をうっちゃるようにして、元々私と折り合いのよろしくなかった実家の親族は、彼女を私から露骨に遠ざけるようになった。

真弓が親元に引き取られていって以来、実に十ヶ月余りも連絡が一切取れていない。

真弓の容態も甚《はなは》だ心配だったのだけれど、果たしてなんの因果か、不運はさらに続き、自身の体調も予断を許さない状況に陥《おちい》っていた。

真弓が倒れて二週間ほど経った二月の上旬に、私も以前から続いていた背中のひどい痛みに耐えかね、病院に緊急搬送された。診断の結果、初めは膵臓癌《すいぞうがん》と言われたのだが、のちの精密検査で覆《くつがえ》り、改めてグルーヴ膵炎という診断が下される。

聞き慣れない病名だが、グルーヴ膵炎とは主に膵頭部と十二指腸、総胆管に囲まれた溝状の領域に嚢胞《のうほう》を生じさせる病気なのだという。嚢胞が膨《ふく》れ過ぎたり破けたりすると、背中と左脇腹に凄まじい激痛を引き起こす。数年前から続く痛みの原因はこれだった。

今のところ、有効な治療法も確立されていないため、病院側の対応も鎮痛剤の処方と、実験的に慢性膵炎などに用いる薬を代わるがわる試すぐらいしかできることはなかった。あとは定期的な血液検査とＣＴ検査で、経過を見守るくらいのものである。

癌よりははるかにマシだけれど、こちらはこちらでなかなか質の悪い奇病なのだ。

二月に倒れて以来、痛みが起こる頻度《ひんど》も増えてしまい、その都度病院の世話になった。今年は何度も入退院を繰り返し、つい先月も仕事の無理が祟って緊急入院。およそ二週間の入院期間を経て、ようやく先週退院してきたばかりだった。

これらふたつの問題だけでもすでにたくさんだというのに、退院してから気がつけば、今度はいつのまにか、これである。ある意味自身の存在証明とも言うべき特異な感覚が、使い物にならなくなったときた。

つくづく今年は不運と苦難の連続である。せめてひとつだけでも問題を解消したいと希《こいねが》うのだけれど、ここ数日間における確認テストの結果を鑑《かんが》みる限り、いずれの問題も即時の解決は難しそうだと判じざるを得ない。

不運と苦難と不良の三乗。いよいよお先真っ暗というやつである。

どうしたものかと惑いつつ、木枯《こが》らしの吹き始めた墓地の中をとぼとぼと歩く。

さらにはこれらの諸問題に付随してもうひとつ、少々気になることもあった。

ここしばらく、自分でも驚くほどに気持ちの浮き沈みが激しい。

以前はあまり気にしていなかったのだけれど、おそらくは三月ぐらい前からだと思う。自分でもそれと意識していないにもかかわらず、やたらと何もかもが楽しく感じられて浮かれはしゃぐ時もあれば、反対に大した理由もないのに気分が石のように重くなって、何も手に付かなくなることがあった。

いわゆる躁鬱《そううつ》に近い状態なのだと思うが、生活に支障が出るほどの症状でもないので、医者には診《み》てもらっていない。ただ、そうした自分の気持ちの揺らぎは鬱陶《うっとう》しかったし、浮いても沈んでもあとから苛々《いらいら》させられることは多かった。

先にも触れたとおり、今年はそれまで基本的には平穏に続いていた暮らしが一変して、先行きの見えない日々がずっと続いている。

こんな状況にあるからこそ、せめて気持ちだけは常に前へと向けてがんばっていこう。そんなふうに強く誓って気丈に生きているつもりでも、心というのは正直なのだと思う。理不尽な重圧に抗《あらが》い続ける負荷が、おそらくはこんな形で表に現れ始めているのだろう。医者に診られずとも、これぐらいの分析なら自分でも容易に展開することができた。

そのうえで、再びどうしたものかと考える。

自身が有する特異な感覚がほとんど機能しなくなったのであれば、二十年近くも続く拝み屋という仕事も、そろそろ潮時なのではないかと思わざるを得なかった。

別段、そうした特性がなくとも、やり方によってはできない仕事でもないのだけれど、開業以来ずっと「視える」「聞こえる」「感じる」を頼りに仕事をしてきた身としては、同じ仕事とはいえ、今さらアプローチの仕方を変えることに戸惑いも感じてしまう。

答えはまだ決め兼ねているが、今のところはおよそ半々といったところである。

たとえ仕事のやり方を変える必要があってもこのまま続けていくのか、それとも潔く身を引いて別の生き方を模索すべきなのか。

できればやめたくなどないのだが、大きな岐路に立たされているという自覚はあった。いずれ遠からぬ先に答えをだすべき時が来そうな気もする。

それなりに逡巡《しゅんじゅん》した末、結局この日は答えを先送りにすることにした。

潰《つい》えるほどに薄れてしまった特異な感覚は、まだ回復しないと決まったわけではない。決断はもう少し様子を見たうえで下すべきだと思い做す。

沈みがちな気分に陥りながらもどうにか希望は失わず、わたしは墓地をあとにした。

ピエロの写真

井原《いはら》さんが通っていた小学校での話である。

今から三十五年ほど前、昭和時代の終わり頃に井原さんは小学校を卒業している。

卒業式のあと、教室で担任から卒業アルバムを渡されたのだけれど、中を覗き始めた同級生の男子が突然、「なんだこれ！」と奇妙な声を張りあげた。

お化けが写っている写真があるのだという。

彼の説明に従い、みんなで確認してみたところ、問題のお化けは体育館の写真の中に写っていた。ステージを正面に捉えて撮影された、無人の体育館。その中空に真っ白い顔がぽつんとひとつ浮いていて、こちらに視線を向けている。

鼻は赤くて丸い形をしており、髪の毛はもじゃもじゃしていて、緑色に染まっている。

一目しただけでピエロと分かる面相である。

ピエロはその場に貼りつけられたかのようにはっきりと写っていた。

目の錯覚や、見間違えで済む写り方ではない。

たちまち教室じゅうに恐怖と興奮の入り混じったどめよきがあがる。女子の一部には、顔色を青くしてアルバムを放りだす娘や、泣きだす娘まで出る始末だった。

担任が「静かに！」と声を尖らせるも、パニックは一向に収まらなかった。みんなをたしなめる担任自身も、写真に写るピエロの顔に若干狼狽《ろうばい》している様子がうかがえた。

体育館にピエロのお化けが出るなどという話は、クラスの誰も聞いたことがなかった。

「なぜにピエロが？」という疑念が湧くも、四角いフレームの中に浮かびあがる面相は、やはりどう見てもピエロである。口元は少し笑っていた。

せっかくの卒業アルバムに心霊写真が紛れこんでいたということで、気味を悪くする者が大半だったが、中には「貴重な写真」ということでありがたがる男子もいた。

井原さんもそんなうちのひとりだった。

思いがけず、生まれて初めて手にした本物の心霊写真にすっかり興奮して、帰宅後も写真に穴が開くほどピエロの顔を観察し続けた。

ところがそれから数日後、学校から「アルバムを回収する」という旨の連絡が来た。中身の一部に不備が見られるため、該当箇所を修正した良品と交換するのだという。「不備」の内容に関して明確な説明はなかったが、「余計なことをするな」と思ったし、交換されたくもなかったのだけれど、ピエロの写真は母がひどく気味悪がっていたため、半ば強引に取り替えられてしまった。

後日、返送されてきた新しいアルバムを確認してみると、やはり件のピエロの写真が差し替えられていた。

無人と化した体育館の写真を目にするなり、ひどくがっかりしてしまう。

それから五年ほどして体育館そのものも老朽化を理由に取り壊され、跡地には花壇と自転車置き場が作られた。

新しい体育館は、敷地の別の場所へ建て直された。以前の面影は見る影もなくなる。

ピエロのお化けの話は、卒業アルバムの交換騒動があったあとも卒業生を中心として、しばらく地元の子供たちの間で噂になっていたものの、体育館の建て替えから時が経ち、井原さんが大学に進学する頃には、そうした噂も次第に聞かれなくなっていった。

そこからさらに十五年近く時が経った、二年前のことである。

結婚後、まもなく授《さず》かった井原さんの息子も、同じ小学校へ入学することになった。

入学式の日、井原さんが仕事を終えて帰宅すると、妻が顔色を青くして「見てよ」とデジカメを差しだしてきた。

カメラの液晶画面には、花壇の前に笑みを浮かべて立つ息子の姿が写っている。

以前の体育館の跡に作られた、あの花壇である。

写真をよく見たところ、息子の顔の斜め上辺りの宙に白い顔が浮かんで写っている。

それは紛れもなくその昔、卒業アルバムの写真に写っていたあのピエロの顔だった。

妻が言うのは、入学式が終わったあと、花壇を前に何気なく撮った写真なのだという。

妻にはピエロのお化けの話など、一度もした覚えがなかった。

事情を話すとはますます顔色を悪くして、写真のデータを消してしまった。

その後は、息子の学校行事でカメラを構えることがあっても、古い体育館の跡地には決してレンズを向けないようにしている。だから今でも得体の知れないピエロが写真に写るか否かについては、分からないそうである。

自撮り写真

石丸《いしまる》さんが新しいデジカメを買った時のこと。

自室の虚空に向かってカメラを構え、説明書を確認しながら試し撮りを続けていると、液晶画面の中にカメラを構えて笑みを浮かべる、自分の姿が写しだされた。

自撮りなどしていないし、そもそも画面の中に写る自分は両手にカメラを持っている。自分の姿を撮った写真なら、それを写したカメラが写真の中に写るはずがないのである。

けれども液晶画面の中には、カメラのレンズをこちらに向けて満面の笑みを浮かべる、自分の姿が写されている。

こんな写真を撮った覚えもなければ、先刻から笑みを浮かべた覚えさえもなかった。

結局、どれだけ原因を調べても理屈は分からず、次第に気味が悪くなってくる。

背筋に嫌な汗が流れだしたのを合図に、写真のデータは消してしまったそうである。

撮れたけど

心霊マニアの岸《きし》さんは一時期、心霊写真の撮影に入れ込んでいた。

動機は所有欲を満たすため。書籍やテレビで日々紹介される心霊写真に思いを焦がし、マニアとしてぜひ一枚、手元に本物を置いておきたくなったのである。

近所の墓場を手始めとして、地元の廃墟や葬祭会館、果ては交通事故の死亡現場など、いかにもそれらしい場所に出向いては、手当たり次第にシャッターを切った。

だが、そう易々と怪しい絵面がカメラに収まることはない。

稀に得体の知れない白い波線や、オーブとおぼしき粒状の光が撮れることはあったが、こんな程度で満足することはできなかった。

岸さんが望んでいたのは、線だの光だのといった微妙なものではなく、誰が見ようとひと目で霊だと分かるインパクトの強い写真だった。

思うように成果の振るわぬまま写真を撮り続け、ふた月余りが過ぎた頃のことである。

仕事で他県へ行った昼下がり、寂れた町の一角で、空き家とおぼしき民家を見つけた。

ブロック塀《べい》に挟まれた門口からは、ガラスの割れた玄関戸が見える。

軒には大きな蜘蛛《くも》の巣が張られ、庭先は背の高い青草で埋め尽くされていた。

いかにも出そうな雰囲気だったが、それでも何かが写るという保証はない。

だが「とりあえず」と思い、持参したデジカメで門口から玄関先を撮影した。

十回ほどシャッターを切り、液晶画面から写真の様子を確認する。

画面の中にはガラスの割れた玄関戸が映るばかりで、特にこれといって怪しいものが写りこんでいる気配はない。ため息をつきながらチェックを続ける。

すると画面の中に突然、見知らぬ男の顔がぬっと現れ、思わず悲鳴があがった。

男は玄関戸を背にした位置で画面の手前に突っ立ち、胸から上が大写しになっている。歳は五十代ぐらい。顔には寒気のするような笑みが浮かんでいる。

立ち位置から推察して、カメラのすぐ前にいなければこんな写真は撮れないはずだが、こんな男など見かけた覚えはないし、現に今も姿は見当たらない。

たちまち恐ろしくなってしまい、岸さんは空き家の前から転げるように逃げだした。

件の写真は、その後もデータを残しているので、いつでも人に見せることができる。

だが、写真を見せた者の大半は、訝《いぶか》しい顔を浮かべて首を捻《ひね》りだすのが常だった。男の姿があまりにも鮮明に写っているため、生身の人間にしか見えないからである。撮影時の状況を説明したところで、納得する者は少なかった。そんな説明も霞《かす》むほど男の姿は生々しく、写真の中で笑っているからである。

私も見せてもらったけれど、空き家の前に気味の悪い中年男が写っているようにしか見えなかった。事前に状況を説明されなければ、普通の写真にしか思えない。

「せっかく撮れたのに、くっきり写り過ぎなんですよねえ……」

がっかりした様子で岸さんはぼやいたが、空き家での一件が恐ろしかったこともあり、その後は心霊写真の撮影をやめてしまったそうである。

古本の写真

五年ほど前、浦野《うらの》さんが古本屋に出掛けた時のことだった。
書棚から目ぼしい本を手に取り、ページを捲っていると、何かがはらりと床に落ちた。
見れば古びた写真である。
生まれたばかりとおぼしき赤ん坊が白いおくるみに包《くる》まれ、すやすやと眠っている。
おそらくは以前の本の持ち主が下取りにだす際、抜き忘れた物だろうと思った。
本は大して欲しくなかったので、写真を挟み直して書棚に戻した。

それから二年が過ぎたある日のこと。
地方へ観光旅行に出掛けた折り、街の中で見つけた小さな古書店に入った。
書棚から目ぼしい本を手に取り、ページを捲っていると、何かがはらりと床に落ちた。

見れば古びた写真である。

生まれたばかりとおぼしき赤ん坊が白いおくるみに包まれ、両目を薄く見開いている。

写真を見るなり、以前もこんなことがあったと思いだす。

印画紙に写る赤ん坊の姿は、両目を薄く開けていること以外、以前古本屋で目にした写真と寸分違《すんぶんたが》わず同じに見える。

なんの変哲もない赤ん坊の写真ではあるのだけれど、見ているうちに得体の知れない薄気味悪さを感じてしまい、写真を本に挟み直すと店を出た。


それからさらに一年近くが過ぎた時のこと。

近くのショッピングモールで催されている古本市に出掛けた。

書棚から目ぼしい本を手に取り、ページを捲っていると、何かがはらりと床に落ちた。

やはり古びた写真である。

生まれたばかりとおぼしき赤ん坊が白いおくるみに包まれ、両目を大きく開いている。

視線はこちらにまっすぐ向けられていた。

背筋がぞっと凍りつき、書棚に本を突っこみ直すと急いでその場をあとにした。

そんなことが三度もあったうえでの、ついひと月ほど前だという。

昼間、自宅の書棚を整理していると、だいぶ以前に買ったハードカバーの本の中から何かがはらりと床に落ちた。

見れば、赤ん坊の写真である。白いおくるみに包まれた赤ん坊が両目をかっと見開き、歯のない口を歪ませて嗤《わら》っている。

顔から冷や汗が滴《したた》るような、おぞましい笑みだった。生身の赤子の笑みとは思えない。

写真は即刻、ぐしゃぐしゃに丸め、近くのコンビニのゴミ箱へ捨ててきた。


以来、今のところは新たな写真に出くわすことはない。

だが、いずれかならず、何かの本を開いた折りに出てくるだろうと確信している。

写真の由来も赤ん坊の素性も不明ながら、またぞろ件の写真が出てきた時には何やらとんでもないことが起こるような気もして、浦野さんは気が気でないと語っている。

うしろから

ネットオークションで中古のＶＲを買った。
荷物が届いた晩、ゴーグルを掛け、さっそくゲームに興じ始める。
しばらく遊んでいると、背後からすっと腕を回され、抱きしめられた。
独り暮らしのこの部屋で、誰にそんなことができるのか。

万代君

二〇一八年十一月下旬。

宮城の気候はますます寒さをいや増し、病で弱った骨身《ほねみ》に堪《こた》える日々が続いていた。

この頃私は、そろそろ迫りつつある年末の大掃除に向け、少しずつでも作業の負担を軽減すべく、暇を見つけては私物の整理をおこなっていた。

主には書籍の整理だったのだけれど、他にも長年だらだらと買い集めてきたＤＶＤやＶＨＳ、果てはＬＤといった旧世代の映像ソフトも「この際だから」と手を付け始めた。

こちらのほうは単なる整理というより、断捨離《だんしゃり》に近い。

居間の一角に設置している収納棚を始め、座敷の物入れに積み重ねてある段ボール箱、廊下の片隅など、古い映像ソフトは家じゅうの至るところに散在していた。

それらをひとつひとつ丹念に検め、手元に残して置く物と処分する物を仕分けていく。

途切れ途切れに日を置きながらも作業に勤しむ、ある日の昼下がりのことだった。

廊下に置いてある文机《ふづくえ》の引き出しの中から、一枚のＤＶＤが見つかった。

いわゆる心霊ビデオに属するもので、ジャケットの裏面に記載された解説文を読むと、一般の投稿者から寄せられた心霊写真を紹介するという体裁である。

だいぶ以前に買った覚えはあるのだが、ジャケットを眺める限り、中身を観たという記憶はなかった。休憩がてらに観ようと思い、居間に戻ってディスクをデッキに入れる。

ＤＶＤは二〇〇七年発売となっているが、元々はＶＨＳでリリースされた作品らしく、オリジナル版の発売は一九九八年となっていた。今からちょうど二十年前の作品である。

再生が始まると進行役を兼ねた解説者が、画面上に次々と映しだされる奇怪な写真を雄弁な語り口で紹介していく。写真は暗闇の中に青白い顔が浮かびあがっているものや、生身の被写体の指が異様に大きく膨らんで写っているもの、集合写真の中に紛れこんで写る得体の知れない顔など、それなりにインパクトの強い写真が多かった。

写真の質感やオリジナル版の製作年から推察すると、その大半はフィルム式カメラで撮影されたものと思われる。デジタルカメラ全盛となった今となっては、当時の文化と世相を偲《しの》ぶ貴重な資料とも言える。

初めはキリのいいところで作業に戻ろうとしていたのだが、妙な懐かしさも手伝って気づけばついつい見入ってしまった。

テレビの前に片膝を突きながら観始めたのが、まもなくどっしりと胡坐《あぐら》をかいて座し、いつしか肘枕をして横になりつつ、画面を食い入るように見つめてしまう。

この世ならざるものが視えなくなってしまったことに気づき至って、すでに半月余り。たとえテレビの画面越しでもこうしたものを目にすることができると、そこはかとなく空虚な気持ちが満たされるような感覚もあった。

けれどもＤＶＤの収録時間が、半分ほどまで達した頃のことである。

画面に現れた一枚の写真を見たとたん、私はぎょっとなって身を起こすことになった。写真はどこかの行楽施設とおぼしき明るい風景をバックに、ふたりの女の子が並んでパターゴルフに興じている様子が写しだされている。

女の子たちは、どちらもフレームの右側に向かって視線を流していた。写真の中には写っていないが、おそらくパターで打ったボールの行方を追っているのだろう。

これだけだったら、のどかな休日の昼下がりを切り取った微笑《ほほえ》ましい一枚でしかない。だが写真には例によって、余計なものが写りこんでいた。

右側に立っている女の子の左肩から男の横顔がぬっと突きだし、笑っている。

男はふさふさした黒髪で、金縁の眼鏡を掛けている。輪郭はふっくらしているけれど肌は青白く、生気が感じられない。けれども満面に浮かんだ笑みは生き生きとしており、表情だけなら生きている人間のように見えなくもない。

しかし、男はやはり生身の人間ではない。

男の顔は、女の子の背中にぴたりと貼りつくような距離から突き出ているというのに、首から下が写っていなかった。

ハの字に開いた女の子の両脚の間から見えるのは、背後に繁る生垣らしき深緑だけで、男の首から下は、影さえ微塵《みじん》も写っていない。どう見てもこの世の者ではないのである。

気味の悪い写真だけれど、この手の写真は同ジャンルの映像作品やテレビ番組などでこれまでいくらも見てきているし、仕事で生の心霊写真を見る機会だって少なくはない。

平素なら別に、大して動じるような一枚ではないはずのものだった。

だが、それでも私が強い動揺を来たしたのは、意想外の理由があったからである。

「これ、万代《ばんだい》君だよな……」

写真に写る男の顔は、私の古い友人のものだった。

今から二十年以上も前のことである。

高校を卒業後、私は仙台の美術専門学校に進学した。二十代の前半に奇矯《ききょう》な縁から拝み屋稼業を始める直前まで私は将来、絵を描く仕事に就きたいと考えていたのである。その専門学校で知り合ったのが、万代君だった。

歳は私と同じ。背丈は私と比べてかなり大柄で、体格もがっちりしていたのだけれど、心根は優しく、物静かな気質の少年だった。

当時大ヒットしていたプレイステーションのゲーム『ファイナルファンタジーⅦ』の主人公クラウドが大好きで、自前のスケッチブックなどによくイラストを描いていた。他にもファンタジー系のジャンル全般に造詣が深く、新しい画材を用いた試し描きや授業の自由課題に選ぶテーマは、決まってドラゴンやフェニックスといった空想世界の住人たちだった。

画面に映る万代君の顔を見ていると、久しく思いだすことのなかった彼の人となりや当時の様々な思い出が、記憶の底から泡のごとく蘇《よみがえ》ってくる。

けれども懐かしさを感じるより先に、私の心は強い疑念と困惑の色に染まっていった。

万代君は専門学校を卒業してからまもなく、病気でこの世を去っている。

記憶は朧《おぼろ》げながらも、二〇〇一年ぐらいのことだったと思う。難しい脳の病だった。ディスクを一時停止して仔細をまじまじと検めてみたが、やはり画面に映る男の顔は、万代君にしか見えない。果たしてこれは、どうしたことだろう。

すでに鬼籍に入った万代君の亡魂が、何かの加減で誰かの写真に収まるということは、可能性として考える限り、ゼロではないと思う。だが、問題はその撮影時期だった。

DVDに収録されている心霊ビデオのオリジナル版は、一九九七年に発売されている。万代君が病で亡くなる数年前、さらに言うなら万代君が専門学生だった頃の作品である。この時代に在世中の彼が、こんな形で写真に写るはずがないのだ。

他人の空似だろうと割り切ろうにも、つぶさに確認を済ませたあとではもう遅かった。理屈はどうであれ、私の頭は画面に映る生首を万代君と認識して疑えなくなっている。

自身の特異な感覚が薄れて早半月。こうした事象もおそらく、怪異のひとつと思えばそうなるのだろう。少なくとも、尋常でないことだけは事実である。

けれどもあまりに突飛な事象でもあった。こちらが確認を望んでいる怪異の性質とは趣きを異にする。一体なぜに、こちらの虚を突くようにしてこんなことが起こるのか。

思ううちに私はいつしか、意識の底から湧いた昔の記憶を手繰るようになっていた。

過ぎ去りし日の三題

一九九七年の四月から二年間、私が通っていた仙台の美術専門学校は、定禅寺《じょうぜんじ》通りを西へ抜けた先に突き当たる、西公園通りの道沿いに立っていた。

ちょうど、市民会館の斜め向かい辺りに位置する立地である。

校舎は四階建てで地階もあったのだけれど、敷地が狭いがゆえに内部も比例して狭く、二階を除く他の階には、ひとつかふたつしか部屋がなかった。

美術専門学校らしく奇妙な造りをした建物で、校内の中央付近に延びる手摺《てす》り付きの回り階段に沿って各階の教室が配置されているのだが、三階の教室の奥側に面した扉を開けると、なぜか四階の教室に通じている。三階の教室内に床の段差や階段などはなく、一体どんな構造で上の教室と扉を結び合わせているのか、常々疑問に思っていたのだが、とうとう卒業するまで仕組みが分かることはなかった。

他にも二階の片隅にあるエレベーターがどういうわけか、四方を壁に塞《ふさ》がれた地階の清掃用具室にしか通じていなかったり、校内の至るところに男女の生首を模した得体の知れないオブジェが配置されていたりと、総じて異様な造りだったのである。

全校生徒数は二十名ほど。学科は三年制の基礎科と、二年制の応用科に分かれていて、卒業後は一年制の研究科に進級することもできるのだが、選ぶのは生徒の自由だった。

校舎の造りが奇抜なら、在籍する生徒も同じくらい妙な連中が揃っていた。

年代も様々で、下は中卒で入学してきた十五歳から、上は大学卒業後に入学してきた二十三歳、最年長では夜にうどん屋でバイトをしながら通う二十七歳の青年もいた。

いずれも性格に一癖も二癖もある変わり者ばかりだったが、年代のばらつきに加えて生徒数も少ないためか、校内に虐《いじ》めのようなものはなく、総じてみんな仲がよかった。

中学時代には集団無視、高校時代には不良グループからの理不尽な虐めに遭っていた私にとっては、まさに天国のような環境だった。

毎日好きな絵を描くために学校へ通い、友人たちと馬鹿なことをしながら時を過ごす。

ささやかながらも満たされた心地で過ごした専門学校の二年間は、私の人生の中でもとりわけ幸福な時代だったのだと思う。

ただ、斯様に充足の日々を送っていても、幼い頃から有する特異な感覚は健在だった。専門学校で過ごした二年の間にも、私は何度か得体の知れない体験をしている。

入学してまだまもない頃のことである。

午後の授業が終わった夕暮れ時、二階の一角にある休憩室の掃除を始めたのだけれど、部屋の広さに対して人員がかなり多かった。三人もいれば十分そうなのに、休憩室には私も含めて七人も掃除に勤しんでいた。明らかに労力の供給過多である。

訝りながら作業をしているところへ担任の男性教師がやって来て「悪い、ごめん」と、苦笑いを浮かべた。やはり割り当てを間違えていたらしい。

休憩室の掃除には三人が残ることになり、あぶれた四人は他の場所を掃除をしている生徒の手伝いに向かうことになる。私は万代君とふたりで、玄関前の掃除を頼まれた。

外へ出ると、上級生がふたりでタイル張りの地面をホウキで掃いている姿が見えた。「手伝います」と声を掛けたのだけれど、ホウキは地階の清掃用具室にあるのだと言う。例の二階にあるエレベーターからしか行けない、けったいな造りをしたあの一室である。仕方なく校舎の中へと引き返し、二階のエレベーターに乗りこむ。

地階は畳に換算して、十畳ほどの広さである。部屋の隅の天井部分には細いガラスの嵌《は》められた明かり取りがあるのだが、申しわけ程度の物なので部屋の中は昼でも薄暗い。夕暮れ時とあってはなおのことである。湿った灰色の壁と床に囲まれた清掃用具室は、暗黒時代の牢獄よろしく、黴《かび》臭い空気とともに陰気な闇《くら》がりに深々と染められていた。

「恐ろしや」と率直な感想を漏らすと、万代君も「うん」と大仰に肩を竦ませて笑った。エレベーターのすぐ脇にある照明用のスイッチを押したが、蛍光灯も古びて久しいため、電気がついてもまだ薄暗い。

「やれやれ」とぼやきながら部屋の方々に置かれた用具入れを物色し、手頃なホウキを掴み取る。ホウキを肩に引っ掛け、「さあ、戻ろうか」と万代君に声を掛けた時だった。

ふいに背後で「ばあん！」とけたたましい轟音が鳴り響いた。

ぎょっとして振り向いた先には、全体が赤黒く錆《さ》びついた鉄製の大きな引き戸がある。以前に一度開けたことがあるのだが、中は三畳ほどの狭い空間になっていて、卒業生が残していった立体造形物の残骸やら、粗大ゴミのたぐいが詰めこまれているはずだった。

「ビビった……」とつぶやいたところで、中から再び「ばあん！」と音が聞こえてきた。続いて今度はその音に、金属が擦《こす》れ合うような鋭い音も混じり始める。

「しゃーしゃー」という金属質の冷たい音と「ばあん！」という腹に響くような轟音の二重奏は、たちまち私の頭に奇怪なヴィジョンを浮かびあがらせた。

人間並みに大きな蜥蜴《とかげ》のような生物が、扉の向こうでガラクタの山を掻き分けながら、部屋の中を凄まじい勢いで縦横無尽に駆けずり回っている。

馬鹿馬鹿しい光景ではあったのだが、扉に向かって静かに聞き耳を立てていくにつれ、金属音と轟音の他にも、何かが小刻みに足を踏み鳴らすような音も聞こえてきてしまい、あながち馬鹿げた絵空事とも思えなくなった。

「なんだろう」と万代君に尋ねたが、案の定、「分からない」と返ってきただけだった。続いて「どうしよう？」と振ってみる。意外にも万代君は「開けてみよう」と答えた。豪胆なことだと思う。無謀極まりないとも思ったが。

「俺は嫌だよ」

眉《まゆ》をひそめて訴えると、「だったら僕が開ける」と言って、万代君はわずかに躊躇《ためら》う素振りを見せつつも、片手にホウキを構えながら扉の前へと進んでいった。

窪んだ取っ手に指を引っ掛け、つかのま呼吸を深く整えるや、力任せに扉を開け放つ。

とたんに音がぴたりと止んだ。

恐る恐る中を覗きこむと、乱雑に積みあげられたガラクタのたぐいが見えるばかりで、怪しいものの姿はない。さらに注意深くガラクタの隙間などにも目を配って見たのだが、やはり中には何もいないようだった。

「なんだったんだろうね？」

今度は万代君に尋ねられるも、返す言葉が見つからなかった。

再び校舎の玄関前へと戻り、今しがた起きたことを上級生たちに話すと、ふたりともいかにも思わせぶりな色を顔に浮かべて「ああ……」と唸る。

件の清掃用具室には、昔から幽霊が出るとの噂があるのだという。

校舎の建設中に事故死した作業員の霊であるとも、在学中に不慮の事故で亡くなった女子生徒の霊であるとも言われているが、どちらであるかは不明とのことだった。

以前にも何人か、清掃用具室で奇妙な声や気配を感じた生徒がいるという話だったが、私たちが体験したのはそんな凡庸な怪異ではなかったし、得体の知れない物音の正体が、死んだ作業員や女子生徒が発したものとも思えなかった。

結局、音の正体は分からずじまいだったのだけれど、代わりに私と万代君は翌日からひどい高熱をだして、数日床に臥《ふ》せることになった。

さらには入学から半年近くが経った頃には、こんなこともあった。

ある日の放課後、木林《きばやし》という同級生とふたりで仙台駅へと続く帰り道を歩いていた時、ふとした話の流れから、校内に配置されている薄気味悪いオブジェの話題になった。

先にも触れた、男女の生首を模したオブジェのことである。

生首は廊下の壁に造られた四角い窪みの中や、校内受付の傍《かたわ》らに置かれた自在棚の隅、休憩室に並ぶロッカーの上など、全部で七つほどが校内の至るところに点在していた。

いずれもさほど目立つ場所には置かれておらず、我が母校には他にも奇怪な形をした造形物が無数にあったので、改めて生首の話題をだすこともなかった。

生首はいずれも禿《は》げ頭だったが、男女の違いは顔の造りや睫《まつ》毛《げ》の長さで判別ができる。色は青白く、表面はかすかな光沢を帯びてつるつるとしている。質感から察するところ、プラスチックかそれに近い材料で造られた物ではないかと思う。

「前衛アートみたいなノリなのかもしれないけど、個人的には趣味が悪いって思うしさ、なんかちょっとスカした感じもあって、いけ好かないんだよな」

偉そうに上から目線で思いつく限りの所感を並べ、木林の返答をうかがう。

「何それ？　生首なんか見たことねえよ」

わざとらしく顔じゅうを歪ませ、呆れた様子で木林が答えた。

校内に生首のオブジェなどないと言う。そんな物が目につく場所に何個もあるのなら、自分も絶対に知らないはずはない。だからそんな物は存在しないと木林は言った。

「馬鹿な」と思って食い下がりはしたものの、木林は頑《かたく》なに「ない」と言って譲らない。話は平行線をたどるばかりで埒《らち》が明かず、悶々とした気持ちを抱えながら駅前で別れた。

ところが翌日登校すると、果たして校内に生首のオブジェなどひとつもなかった。

「嘘だろう……」と思って友人たちに生首の所在を尋ねたのだが、木林の返答と同じく、誰もが口を揃えて「そんなものは知らない」と答えるばかりである。

初めは担がれているのではないかと訝しんだものの、みんなの様子をうかがうにつれ、そうした可能性はなさそうだと判じた。

ならば私は今まで、何を見てきたと言うのだろう。

不思議もあまりに強烈だと、呑みこむまでに時間を要する。事の次第が理解できるとあとから遅れてようやく怖気《おぞけ》が湧きあがり、身体の芯がみるみる冷たくなっていった。

この日を境に、私が校内で生首たちを目にすることは二度となかった。

在学中、自身が有する特異な感覚について、周囲に打ち明けたことはない。

どれほど学校の連中が変わり者揃いと言っても、当時は家族にさえ隠していたことを無闇にさらけだすのは、さすがに憚《はばか》られた。腹を括《くく》って秘密を吐露したところで万が一、信じてもらえなかったらどうしようという不安も、口を閉ざす一因になっていた。

けれどもある意味、皮肉なものである。私のそうした秘めたる心情や葛藤とは裏腹に、我が母校では教師や事務員も含め、怪談や都市伝説の好きな者が多かった。

放課後の遅い時間になると、休憩室にだらだらと居残っている生徒や教師たちの間で、誰ともなしに怪談話が始まるのはザラだったし、毎年催される合宿や研修旅行の晩には、宿泊先の一室に有志がずらりと集って、本格的な怪談会が開かれるのも恒例だった。

自身が平素目にするものや、音に聞こえるものには辟易《へきえき》していたのだが、怪談関係は私も昔から大好きだった。その場に顔を揃えた全員が等しく同じ恐怖を共有できるので、変に思われるかもしれないが、参加していると妙な一体感を覚えて居心地がよいのだ。

斯様な楽しみもあり、自身の体験談こそはタブーと心に決めて厳に伏せてきたものの、こうした一席が始まると私もこぞって話に参加するようにしていた。

入学から二年目を迎えた真夏、県南の山中で催された林間学校でのことである。

夕食と入浴が済んだ午後の九時頃、バンガローで寛《くつろ》いでいると、前野《まえの》君という友人が御多分に漏れず、にやけ面を浮かべて「怪談やろうぜ」と言いだした。

バンガローにいたのは、私と前野君を含む男子生徒が八人。嫌がる者はいなかった。やるなら派手にやろうという話にもなり、他のバンガローに泊まっている女子生徒と教師たちも呼ぶことにする。こちらも誘いを断る者はほとんどおらず、余興に惹かれた物好きな面子《めんつ》が、男子用バンガローにぞろぞろ集結する運びとなった。

電気を消した室内の中央に蝋燭《ろうそく》の明かりを立て、大きな車座になって怪談会が始まる。基本的に参加者が一話ずつ話をしていくスタイルだったが、持ちネタがない者は順番をパスして聞き役に徹することもできた。

自身を始め、身内や知人の身に起きた怪異を語る者もいたが、そうそう新しいネタが増えるものでもない。大半はこれまでに何度も聞かされてきた話ばかりだった。

他には地元の心霊スポットにまつわる話や、昔から世間で語られている手垢のついた怪談話や都市伝説などが大半だったのだけれど、ネタの弱さは大した問題にはならない。肝心なのは場の雰囲気である。私にとっては憩いのひと時を十分堪能することができた。

だが、怪談会が始まって二時間近くが過ぎた頃のことだった。

場にはまだまだ怖くて楽しい空気が流れるまま、篠子《しのこ》ちゃんという下級生の女の子が、自宅の寝室の窓に見たという白い人影についての体験談を語っていた。

初めて聞く話である。ふた月ほど前の深夜にあったことなのだという。

草木も眠る丑三《うしみ》つ時、自室でテレビを見ていた彼女は、飲み物を取りに台所へ立った。再び部屋へ戻ってくると、閉めていたはずのカーテンが全開になっている。

黒々と染まった窓ガラスの向こうには、輪郭のぼんやりとした白い人影が立っていて、ガラスに両手を貼りつけながらこちらに表を向けていた。

悲鳴をあげたとたん、影は暗闇に溶けるように姿を消してしまったのだという。

白い人影に関しては目の錯覚だったと割り切れないでもないのだけれど、カーテンは絶対に閉めていたはずなので、こちらはどう考えても合理的な説明ができない。

本題の話を語り終えたあと、篠子ちゃんが続けて話し始めた所感に耳を傾けていると、視界の端に何かが幽かにちらついたのが見えた。

反射的に視線を向けた先には、ガラスに十字型の格子が付いたバンガローの窓がある。ほんの一瞬ながら、窓の外の暗闇を何やら白いものが横切っていったように思えた。

入り口側を覗いた室内の壁面三方には、同じ作りの格子窓が二枚ずつ嵌められている。「白い何か」は窓枠の右へ向かって消えたように見えたので、隣に並ぶ格子窓へ視線を移したのだが、窓の外には漆黒の闇が黙然と広がるばかりである。

篠子ちゃんの話に感化されて、しょぼい幻影でも見たのだろう。

当の彼女は勝手に開いていたカーテンについて、なおも持論を展開している。

気を取り直して、再び耳を傾けようとした時だった。

篠子ちゃんの背後に見える窓の外に、真っ白い服を着た女が立っているのが見えた。

異様に長い黒髪を両肩にぞろりと垂らし、顔色は白粉《おしろい》をはたいたように白ずんでいる。

女は篠子ちゃんを見つめながら歯を剥《む》きだしにして、にやにやと笑みを浮かべていた。

こちらに目が向いたらまずいと思い、ぱっと顔を伏せたのだけれど、様子を見計らって恐る恐る視線をあげると、女はすでに消えていた。

林間学校が終わって数日経つと、篠子ちゃんはぱたりと学校に来なくなってしまった。事務員の話では、病欠だという。ふた月以上が経っても彼女が登校して来ることはなく、それからだいぶ日にちが経って、いつのまにか退学したことを知った。

彼女が語った白い人影、並びに私が目撃した白い服の女との因果関係は不明である。

些細な出来事まで含めれば、まだまだ怪しい話はいろいろ出てくる。

だが、久方ぶりにこうして専門学校時代に見舞われた怪異の数々を振り返ってみても、総じて楽しい学生生活だったと思うことができる。

ひとえに万代君を始め、当時の私にはかけがえのない友人がたくさんいたからである。

残念ながら我が母校は、二〇〇〇年代の半ば頃に入学者数の減少が原因で閉校となり、校舎ものちに取り壊されてしまった。跡地は現在、マンションの駐車場になっている。

当時の情景を思い返しながら、テレビの画面に映る心霊写真の万代君を見る。

やはりどうしてこんな写真が存在するのか、道理は未だ分からない。写真の解説では投稿者の情報を始め、撮影場所も伏せられているので、詳細を知ることも不可能である。

なんとも歯痒《はがゆ》い思いに駆られる。

ただ、写真の中で微笑む万代君の顔を眺めているうちに、いつしか疑念や困惑よりも温みを帯びた懐かしさのほうが募《つの》り始めてきた。首から下がないことにだけ目を瞑《つむ》れば、横向きで朗《ほが》らかな笑みを拵《こしら》える万代君の面差しは、実に好ましい印象を抱かせる。

それは在りし頃、いつも温厚で優しかった彼の顔に浮かんでいた笑みそのものだった。

同時にこんなことも考える。

気づけば最後の学生生活から、すでに二十年もの月日が流れているのである。あの頃には自分が将来、拝み屋稼業を始めることになるなど夢にも思っていなかった。好きだった絵を仕事に生きていくという私の夢は、結局叶わなかったということになる。単に将来が狂ってしまったと見るか、これが宿命だったと考えるか。捉えようによって印象もだいぶ異なるが、「宿命によって将来が狂った」と合わせて考えることもできる。いずれが真実なのかは判然としないし、今の道筋が自分にとって有るべき正しい道筋であるのかどうかも分からない。

やはり捉え方の問題ではないかという気もしてくる。

己を蝕《むしば》む病と妻を蝕む病、それに加えて、自身が有する特異な感覚の実質的な喪失。斯様に切羽詰まった状況に身を置く今において、自分が正しい道筋を歩んでいるとは思い難いものがあった。むしろ、こんなはずではなかったという感慨のほうが強い。

苦境を打破する足掛かりでもあるのなら、まだ少しは張り合いもあるのではないかと思うのだけれど、残念ながら今のところ、そうした兆しすらも見いだせないままである。果たしてこれから先、私の人生はどんなふうになってしまうだろう。

そこまで思いを巡らせたところで、気持ちが沈み始めていることに気がついた。

ここしばらく断続的に繰り返している、例の極端な感情の起伏である。

幸い、よろしくないと危ぶむぐらいの分別はまだあったので、何度も呼吸を深く整え、どうにか気持ちをぎりぎり平らと思えるラインにまで引き戻す。

無闇に先を憂《うれ》いても仕方がない。憂いたところで、斯様に嫌な思いをするだけである。

改めて余計なことは考えるべきでないと肝に銘じ、私はテレビの前から立ちあがると、再び私物の整理に取り掛かった。

ご臨終

朝方、息苦しさに目覚めると、視界が真っ白になっていた。
続いて頭上から「ご臨終」と、女の声が聞こえてくる。
がばりと身体を起こしてみたが、誰もいない。
あるのは顔に被せられていた、白い布切れだけである。

墓女房

八月の月遅れ盆に井沢《いざわ》さんが、知人が眠る田舎の墓地へ墓参りに出掛けた時のこと。

昼間は日差しが強くてだれるため、西の空が藍色に陰る夕方六時頃に墓へ出向いた。

参拝者の大半は明るいうちに墓参りを済ませたらしく、墓地の中に人影は見られない。

代わりに敷地の至るところから、線香の残り香が咽《むせ》るほどに色濃く漂ってくる。

知人の墓前に手を合わせ、駐車場へ向かって墓の中を歩いていると、隣を並んで歩く妻が「ちょっとあっちへ行ってみましょうよ」と言った。

妻は墓地の向こうに広がる雑木林を指差している。

「何があるんだ?」と尋ねたのだが妻は答えず、代わりに「いいから行きましょう」と微笑を浮かべ、井沢さんの半身に腕を回して寄り添った。

言われるまま、雑木林に向かって歩きだす。けれどもなんだかおかしいと思った。

次第に雑木林が近づいてくる。妻は隣でくすくす笑いながら寄り添っている。
やはりなんだかおかしいと思う。
墓地の端までたどり着き、生い茂る灌木《かんぼく》を掻き分けながら雑木林の中へと分け入る。
薄暗く染まった樹々の中を歩くうち、違和感の正体に気づいて悲鳴があがった。
井沢さんには妻などいない。長らく独りの身の上である。
ならばこの女は誰かと思って視線を向けると、いつのまにか女の姿は消えていた。
戦《おのの》きながら周囲に視線を巡らせてまもなく、足元の草むらに半ば朽ちかけた素っ裸の
マネキンが転がっているのが目に入った。
マネキンは微笑を浮かべ、愛おしそうな眼差しでこちらを見つめていたという。

状況から見て

「自分は霊感ゼロなので、いわゆる霊体験っていうのは一度もしたことがないんですよ。でも……あれは絶対に祟りだろうっていうのは、この目で見たことがあるんです」

不穏な光を瞳に宿しつつ、会社員の笠倉《かさくら》さんが語ってくれた話である。

今から六年ほど前、当時大学生だった笠倉さんは、正月に友人らと長野へ温泉旅行に出掛けた。奥深い山中に立つ宿の周囲は、眩しいまでに白々と輝く深雪に覆《おお》い尽くされ、都会育ちで雪に縁の薄い笠倉さんたちの気分は、弥《いや》が上にも盛りあがった。

一夜が明けた翌日の午後、せっかくなので宿の近くを散策しようということになった。目当ては無論、雪である。フロントで借りた長靴を履き、勇んで外へ繰りだしていく。

道路は一応の除雪がされていたが、路面は白く染まったまま、がちがちに凍っていた。転ばぬよう、慎重な足取りで歩を進めていく。

宿の門前に延びる山道に沿ってしばらく歩いていくと、道端に何やら奇妙な形をした物体が屹立しているのが目に入った。そばに寄って見たところ、石だと分かる。

かまくら形の丸みを帯びた石の表に、着物姿の男女が手を取り合って身を寄せる姿が半立体で彫られている。大きさは、笠木さんたちの身の丈半分くらい。

道端には除雪された雪が堆《うずたか》く積もっていたが、石の前の積雪は綺麗に取り払われて、灰褐色の石肌を静かに凍てつかせている。

スマホで調べてみると、道祖神と呼ばれるものだと分かった。

集落の境などに祀られ、外から訪れる災厄の侵入を防ぐ神なのだという。子孫繁栄や交通安全の神としても信仰されているらしい。

「ありがたいものなんだな」ということになり、石の前にしゃがみこんで手を合わせる。他の友人たちも笠倉さんに倣《なら》って合掌を始めた。

ところが同行していた友人のひとりで門賀《もんが》という男だけが、手を合わせようとしない。

「お前も拝めよ」と声を掛けると、門賀は渋い顔を浮かべながら「下らねえ」と答えた。

聞けば、昔から神仏だの信仰だのというのが気持ち悪くて嫌いなのだという。

単なる石塊ごときに手を合わせることなど意味がないというのが、彼の言い分だった。

個人の価値観ならば尊重して然《しか》るべきだし、そのまま受け流せばよかったのだけれど、この時笠倉さんは、門賀の言い草がなんとなく鼻について引き下がれなくなった。

「みんなが手ぇ合わしてんだから、ぐだぐだ言ってねえでお前も拝めよ」などと毒づき、彼の前に詰め寄ってしまう。

門賀のほうもかちんときたらしく、鋭い目つきで笠倉さんを睨《にら》みつけ、「黙れや」と返してきた。その場にぴりぴりとした、嫌な空気が張りつめ始める。

「どうしても嫌か？」と尋ねる笠倉さんに、門賀は「嫌だね」と笑って譲らなかった。

それでも笠倉さんが食い下がっていると、門賀はとうとう「うるせえ！」と声を荒げ、路傍に突き立つ道祖神の表を思いっきり蹴りつけた。

「先に帰るわ。勝手に宗教ごっこでもやってろ」

ぶっきらぼうに捨て台詞《ぜりふ》を吐くなり、そのまま踵《きびす》を返して宿のほうへと歩き始める。

肩を怒らせながら雪道を歩く門賀の背中に「待てよ」と声を掛けようとした時だった。

門賀が「あ」と小さく声をあげ、続いてずるりと足を滑らせた。

そのまま身体が斜めに傾き、アイスバーンと化した純白の路面に側頭部を打ちつける。

「ぼきょり」と妙な音が空気を震わせ、あとはそれっきりだった。

路上に倒れこんだ門賀はそれっきり、ぴくりとも動くことはなかった。

死因は脳挫傷《のうざしょう》だったという。おそらく即死とのことだった。

門賀の死は不慮の事故として処理されたが、直前までの経緯を知る笠倉さんたちには、道祖神を足蹴にした祟りとしか思えなかったそうである。

「余計な意地を張らなきゃよかったって、今でもずっと後悔しているんですよね……」

「全部自分のせいなんです」と暗い声でつぶやき、笠倉さんは俯《うつむ》き加減に話を結んだ。

踏みつけ

公務員の竹見《たけみ》さんが小学生の頃、こんなことがあったと聞かせてくれた話である。

当時、竹見さんが暮らしていた田舎の実家の近所には、小さな八幡神社があった。

四方を木々に囲まれた神域の中に古びた拝殿が立つだけの、簡素な構えの神社である。

ある時から、この神社に賽銭《さいせん》泥棒が入るという話が聞こえてきた。

小さく鄙《ひな》びた神社ゆえ、賽銭箱に奉納される金銭は決して多くないらしいのだけれど、
犯人はどうやら、賽銭がそこそこ貯まってきた時期を見計って盗みに訪れるのだという。

犯行時に鍵が壊されたこともあれば、賽銭箱に傷がつけられていたこともあった。

今のように防犯カメラ等を安価に取り付けられる時代でもなかったので、防犯は専《もっぱ》ら、
氏子と警察官の巡回に頼るしかなかったのだが、犯行を未然に防ぐことはできなかった。

いつも賽銭がほどよく貯まる頃になると、決まって被害が発覚する。

そうした不敬が収まることなく断続的に繰り返され、三年近くが経った頃である。

朝方に神社の境内で、男の変死体が発見された。

遺体は拝殿の前に延びる参道のまんなか辺りに、うつ伏せの状態で倒れていたという。頭は鳥居のほうに向いていた。

遺体は、地元の河川敷に暮らしていたホームレスと断定された。衣服のポケットから大量の硬貨が出てきたことから、賽銭泥棒もこの男だったのだろうと推測された。

検視の結果、死因は不明だったらしいのだけれど、遺体が倒れていた周囲の地面には、大きな亀裂が走っていたという。

亀裂は倒れた遺体の中心から生じ、上から見ると人間の足跡のような形になっていた。状況から思い抱く印象では、男は「巨大な何か」に踏みつけられて死んだように見える。

遺体を目撃した者たちは、口を揃えてそう答えた。

懲《こ》りずに及んだ犯行の末、とうとう神の怒りに触れたのだろうと語る者も多かったが、真相は結局、分からずじまいだったそうである。

当たってた

小野原《おのはら》さんが中学時代のこと。放課後に教室で友人たちと、こっくりさんに興じた。

誰もが半信半疑で始めたものの、指先をのせた十円玉が五十音を書きこんだ紙の上で勝手に動きだすと場は一転して盛りあがり、こぞって様々な質問をするようになった。

その中で山根《やまね》君という生徒が、「自分はどんなふうに死ぬ?」という質問をぶつけた。

すると十円玉はまもなくゆるゆると動きだし、「と」と「し」の上で止まった。

とし。

「なんだよ、単なる老衰《ろうすい》かよ!」

微妙にどきどきしながら答えを待っていた一同から、笑い混じりの総ツッコミが入る。

山根君自身も「だったら長生きできて安泰だなあ」などと、苦笑しながら感想を述べる。

その後も雑多な質問を続け、大盛況のうちにこっくりさんは終わった。

山根君が死んだのは、それから三月ほど経った日のことである。

休み時間に校内で小野原さんたちと鬼ごっこをしているさなか、山根君は勢い余って階段から転げ落ち、首の骨を折った。すぐに病院へ搬送されたのだが、治療の甲斐なくその日のうちに息を引き取ってしまう。

彼の死後、だいぶ時間が経ってから、件の質問の答えを思いだした。

こっくりさんは「とし」だと答えたはずなのに、どういうわけだと訝ったのだけれど、辞書を引いてみたところ、こんな言葉が見つかった。

徒死。

無駄死に、あるいはなんの役にも立たない死に方を差す言葉である。

背筋に走る悪寒とともに、答えは当たっていたと確信せざるを得なかったという。

仏花

数年前の春先、仕事を終えた布枝《ぬのえ》さんが、近所のスーパーへ買い物に入った時のこと。

「お客さま、お待ちください」

会計を済ませて店を出たところ、玄関口の前でふいに背後から声を掛けられた。

振り返ると、五十代くらいとおぼしき女性が鋭い目をして真後ろに立っている。

「お会計がお済みでない商品があります」

尖った声で言われたが、まるで身に覚えのないことだった。

「どういうことでしょう?」

尋ねると、女性は布枝さんの腰の辺りを指差した。

怪訝に思いながらも視線を落としてみたところ、ズボンのポケットから菊の花が数本、並んで頭をだしている。店内の入口付近で仏花用に売られているとおぼしき菊だった。

「え？　嘘、何これ！」

驚く布枝さんに、女性が「店の保安警備員です」と身分を明かす。

そのうえでつい今しがた、会計を終えた布枝さんと連れ合いの女性客が店を出る間際、入口の近くに陳列されている仏花をポケットに忍ばせるのを目にしたと言われた。

ふたりは素知らぬふりで仏花の前を歩いていたのだが、連れ合いのほうが歩きながら仏花の茎《くき》を数本へし折り、布枝さんのポケットに花を捻《ね》じこんで店を出たのだと語る。

そんな連れ合いなど知らなかった。「自分はひとりで入店している」と応えたものの、連れ合いの女とやらは、布枝さんが入店した時から隣に並んで歩いていたのだという。

保安警備員が布枝さんに声を掛けた時、女のほうは姿をくらませてしまったらしいが、とにかくふたりが絶えず一緒だったことは間違いないという。

どんな人物だったのかと尋ねると、警備員は「金髪で髪の長い女性でした」と答えた。歳は二十代の終わりぐらい。上下に黒いスウェットを着ていたとのことだった。

それですぐにぴんときた。同時に頭の芯がみるみる冷たくなってゆく。

とにかく自分は花など盗んだ覚えはない。潔白を証明するため、防犯カメラの映像をチェックしてほしいと申し出た。

結果、顔色の青ざめた警備員に頭をさげられ、布枝さんは帰途に就くことができた。

防犯カメラの映像に、件の女は一切映っていなかった。映像には、入店から退店まで店内をひとりで歩き、ひとりで店を出ていく布枝さんの姿が映されていた。

ポケットに仏花が入る瞬間も、カメラの角度がまずくて映っていなかったのだけれど、布枝さんが両手に買い物袋をぶらさげ、仏花のそばを通り過ぎていく様子は映っていた。両手が塞がっていることに加え、仮に手を伸ばせても、花には届きそうにない距離を布枝さんは歩いている。

けれどもそうした一方、道理は不明ながら、布枝さんが仏花のそばを通り過ぎたあと、陳列かごに立てられている花束のひとつから、菊の花が数本消えているのも映っている。

奇妙な映像だったが、布枝さんが盗ったという事実も確認できない。

そもそも警備員が目にしたのは、いるはずのない〝連れ合い〟が花束からへし折った菊の花を、布枝さんのポケットに捻じこんだという光景である。

事実関係は有耶無耶《うやむや》のまま、それでも一応嫌疑は晴れて帰ることができたのだけれど、釈然としない気分ではあった。

警備員が語った「金髪の女性」というのは、布枝さんの姉である。

年代や服装から判断しても、姉で間違いなかろうと思った。

姉は六年ほど前に死んでいる。街場のビルから投身自殺を図っていた。

生前はひどい酒乱のうえ、金遣いが荒く、彼女の死後には莫大な借金だけが残された。

両親と一緒に返済を続けているが、六年経っても完済にはほど遠い。

元々不仲だったことに加え、斯様な尻ぬぐいにも腸の煮えくり返る思いがあったので、葬儀を済ませたあとは両親共々、まともな供養をしていない。

折しもそろそろ、春の彼岸を迎える時期だった。

大方、墓参りにでも来てほしいと思って、あんな真似をしでかしたのだろう。

すぐに察しはしたのだが、ますます行く気がなくなった。意地でも行くまいと思う。

「ふざけんな、ゴキブリ以下のろくでなし」

吐き捨てるように毒づくと、布枝さんは強張《こわば》った顔つきで殺伐《さつばつ》と家路をたどった。

鬼念の黒巫女　壱

二〇一八年十一月末。

不用品の整理中に旧友の生首が映った心霊ＤＶＤを見つけ、数日経った早朝のこと。

昨晩からしつこく続くひどい寒さに悶《もだ》えながら、寝室の布団の中で身を丸めていると、枕元に置いてある携帯電話が鳴った。寒さと眠気で鈍麻《どんま》していた頭がわずかに冴《さ》える。

出なければという気持ちはあるのだけれど、布団の中に潜る手は鳥黐《とりもち》で固めたように動きが強張ってぎこちなく、なかなか外へ出ていかなかった。

おまけに頭も重い。眠気に加えて、脳幹には痺《しび》れるような倦怠感がどろどろと渦巻き、できればこのまま眠り直したい気分に惹かれてしまう。

以前であればこんな時には、隣の布団で寝ている真弓が「電話だよ」と肩を揺すって起こしてくれたのだけれど、彼女が病に臥した今となっては望むべくもない。

寂しさに胸を締めつけられ始めてまもなく、「またしても沈んでいるな」と分かった。朝っぱらから自制の効かない己の心の動きに、今度はふつふつと苛立ちが沸いてくる。

「さっさと動け、このポンコツ」

濁った声でつぶやきながら、布団の中から這いずるように手をださせる。のろのろと電話を引っ掴んで通話に応じると、受話口から聞こえてきたのは野太い男の声だった。

「もしもし、お久しぶりです。哲盛《てつもり》です。その節は申し訳なかったです。反省してます。折り入ってご相談したいことがあるんですけど、予約を取っていただけますか？」

名乗られはしたものの、相手の顔が頭に浮かんでこなかった。「申し訳ない」などと前置きをしているので、以前に何がしか私に迷惑をかけた人物なのだろうとは思ったが、どんな迷惑だったのかは分からない。

「大変無礼な話なのですが、記憶が少々霞んでおりまして、思いだすことができません。どちら様でいらっしゃいますか？」

「えー……そんな意地悪言わないでくださいよ。哲盛です。覚えてないんですか？」

私がしらばっくれていると受け取ったらしい。哲盛なる人物は、電話口の向こう側で深々とため息をつきながら、「お願いですから聞いてくださいよ」と付け加えた。

「以前、ご相談にいらした方なんですよね？　どういったご用件だったんでしょう？」

「えー……私の口から言わせますか。やっぱりちょっと怒ってるんじゃないんですか？先生に作ってもらった御守りを『いらない』って言って帰った、哲盛ですよ」

それでようやく思いだした。向こうは私が怒っているのではないかと心配しているが、別に怒ってなどいない。なぜなら相手は、怒る価値すらない人物だからである。

哲盛安男《やすお》、歳は四十代半ば。県北の小さな町でＩＴ関係の零細企業を営んでいる。

昨年十二月のことだった。

哲盛は、会社の経営に関する相談がしたいとのことで私の仕事場を訪ねてきた。

拝み屋の仕事では、こうした相談もざらにある。大半が今後の事業展開に関する鑑定、業務向上に関する祈願の依頼、あるいは地鎮祭や土地祓いに関する内容である。

いずれかの相談だろうと思い做して話を伺ったのだけれど、耳を傾け始めてまもなく、彼の口から出てきた言葉に唖然となって、大いに脱力することになった。

「年末ジャンボが当たるようにお願いします！　三百万円でいいですから！」

会社の経営が大層厳しいため、どうにか宝くじで一山当てないとまずいのだという。

斯様な動機でこんな依頼を持ちこんできた相談客は、私にとって初めてのことだった。

「仮にそんなことができるんだったら、自分でやっていますよ。申し訳ありません」

至極真っ当な釈明をしたうえで、私は依頼を断った。

三百万円どころか、三十万円でも三万円でも拝んだだけで宝くじが当たるのだったら、敢えて拝み屋なんぞ営んでいない。全神経を宝くじに集中し、毎日ひとりで拝んでいる。子供でも分かるような道理である。

けれども当の哲盛は、引きさがらなかった。どうやら拝み屋という仕事を魔法使いかドラえもんのようなものだと思いこんでいるらしい。

「ご謙遜《けんそん》なさらずにお願いしますよ！　本気で困っているんですから！」などと言って、なおも執拗に食い下がる。

安易に斯様な発想が思い浮かび、なりふり構わず物乞いするような行動から察するに、だからこそ会社の経営が困窮するのではないかと思った。

さすがにそのまま口にするのは憚られたので、かなり遠回しに、それも努めて優しく、己の在り方や今後の指針についての助言を一通り伝えた。さらには宝くじの当選祈願を固辞する代わりにいくらかなりとも運気があがって景気が上向けばと思い、業務向上に対応した御守りを作って差しあげることにする。

私としてはできうる限りの対応をしたつもりだったのだけれど、どうにも彼のほうは意に染まなかったらしい。仕事場に使っている奥座敷のまんなかに設えた座卓を挟んで御守りを作り始めると、顔色は目に見えて悪くなり、次第に口数も少なくなっていった。

不穏な圧を感じながらもどうにか御守りは完成したのだが、座卓越しに「どうぞ」と差しやるなり、彼は両手でそれをぐしゃりと丸めて「いりませんよ」と突き返してきた。

「なんの力もない人が作った御守りなんか、持ってたって意味ないですよ」

嘲《あざけ》るような笑みを拵えながら立ちあがると、哲盛は財布から抜きだした千円札を数枚、座卓の上に放り投げ、「二度と来ません。時間の無駄でした」と吐き捨てた。

そのまま大仰に肩を怒らせ、ずかずかとした足取りで帰っていったのが去年の十二月。ちょうどドリームジャンボ宝くじが真っ盛りの時節である。

彼の所業に当時はほとほと呆れ果て、それなりに思いだすことも多かったのだけれど、年が明けたのちに真弓が倒れ、その後に私の病気も発覚する頃には記憶もすっかり薄れ、脳裏を掠《かす》めることさえなくなった。

今しがた、電話を取りさえしなければ、今後も長らく思いだすことはなかっただろう。

「やっちまったなあ」と後悔しながら、ただちに適切な対応に取り掛かる。

「二度と来ないんじゃありませんでしたっけ？　それに私はなんの力もない人間ですよ。『申し訳ない』と前置きするのも癪《しゃく》ですが、いかなるご相談もお受けいたしかねます」

「やっぱり怒ってるんじゃないですかあ……。それは確かに私が悪かったんですけどね。でも聞いてください。今、本っ当にやばいことになってるんですよ。今日の午後からでいいですから、ちょっと話、聞いてもらえないですかね？」

言い草。「午後からでいい」ってなんだ？　相変わらずだなと思ってげんなりする。

そもそも今日の午後はすでに他の約束が入っている。少し前に知り合いの拝み屋から変則的な頼み事をされていて、午後からは先方の助手と一緒に出掛けるのである。

特異な感覚が停滞中の現況において、どれだけ役に立てるのかという思いはあったが、向こうは「リハビリと気分転換も兼ねて是非」ということでこちらに助力を求めていた。悪い話ではなかったので、少しばかり腰を据《す》えて付き合ってみることにしたのである。

私としては、NG客の相談事より「リハビリと気分転換」のほうが優先だった。

哲盛がどんな話をしたいのかは知らないが、「やばいことになってる」という台詞の感触からして、憑き物落としや魔祓いを要する案件という可能性も十二分に考えられる。仮にそうなら、実質的に私はなんらの対応もして差しあげられない。

グルーヴ膵炎と診断される数年前から、憑き物落としや魔祓いの儀式を執り行う都度、背中にひどい痛みが生じるようになっていた。

今にして顧《かえり》みれば、それらは全て膵炎による痛みだったのだと思う。憑き物落としや魔祓いで身体に強い負担が掛かると、たちまち膵臓が悲鳴をあげて暴れだすのである。

痛みの程度は日に日に悪化の一途をたどるばかりで、そろそろ本格的に自制しないと、いずれ膵臓が完全に壊れてしまいそうな予感があった。ゆえによほどの事情がない限り、憑き物落としや魔祓いに類する拝みは業務上、禁じ手としたのである。

それに加えて今の私は、視えるものが視えず、聞こえるものが聞こえずの状態なのだ。お化けの退治はおろか、交渉役としてさえなんの役にも立ちはしない。

だから今の私には、やれない仕事よりもリハビリと気分転換のほうが大事なのである。

「何がやばいことになっているのかは存じませんけれど、あなたのお力にはなれません。悪いことは言いませんので、どうぞ他を当たってください」

「ちょっとお、待ってくださいよお！　だったらせめて、写真だけでも見てください！実はさっき、そちらのPCにデータを送ったんです。それだけでも見てくださいって」

こちらの言葉に間髪《かんぱつ》容《い》れず、慌てた声で哲盛が叫んだ。

「余計なことを……」と思ったが、下手に反応したら深入りしそうな恐れがあったので、敢えてどんな写真なのかは訊かなかった。

「失礼します」

ぼつりと告げて、通話を終わらせる。ついでに哲盛の電話番号を着信拒否に設定した。

「写真と来たか。まいったね」

関わるつもりはないにせよ、私のＰＣに望まぬデータが送りこまれたのは事実である。甚だ面倒だったが、こういうことはできうる限り、早いに越したことはない。

さっさと消そうと思い、布団から起きあがる。

愛用しているノートＰＣは、仕事場の座卓に置いてあった。あくびと伸びをしながらメールソフトを立ちあげる。受信箱を開くと、確かにクリップマークの付いたメールが一通届いていた。

チェックボックスに印をつけて削除ボタンを押してしまえば、それでおしまいである。容易《たやす》い作業だった。けれども印をつけてボタンを押す間際、ついつい魔が差してしまう。

「一応、見るだけ見てみるか」

メールを開き、添付された画像に視線を向ける。

四角いフレームの中には、自撮りをしたとおぼしき哲盛のバストアップが写っている。場所は職場だろうか。背景には、スチール製のファイル棚のようなものが並んでいる。写真の中の哲盛は、視線をこちらに向けているのだが、顔つきは強張り、見るからに不安げな表情を浮かべている。その左肩の後方に、何やら黒々としたものが写っていた。

一瞬、影かと思ったのだけれど、そうではなかった。

全体が影のようにどす黒く染まった、巫女装束の女である。

女は哲盛から少し離れた左後方に屹立し、腹の辺りまで身体の輪郭が写りこんでいた。髪の毛はどうやらうしろでひとつに束ねているようで、先の少し尖った耳の形と一緒にひょろりと細い顔の線が露《あらわ》になって、真正面を向いているのが分かる。

女が単なる影ではないことを証明しているのは、どす黒い面貌の中に並ぶ目玉である。松葉のように細い目だったが、眼球はかすかな潤《うる》みを帯びて白々と輝いている。

視線は哲盛の背中に向けられ、憎悪《ぞうお》をこめて睨みつけているように見受けられた。黒々と翳《かげ》りながらも幽かに見える襟《えり》の様子や、胸元で結わえられた紐の形状などから、上衣はかろうじて千早《ちはや》と呼ばれる巫女装束だと判別することができた。

けれども、元の色までは判然としない。

千早の色は本来、純白なのだが、写真に写る女のそれは墨汁をたっぷり含んだようにどす黒く染まって、元からこうした色なのではないかと思えてしまうほどである。

「なんだこりゃあ、薄気味の悪い……」

哲盛の背後に突っ立つ漆黒の巫女は、生々しい実像を帯びて写真の中に収まっていた。合成や撮影ミスのたぐいなどとは、到底思える代物ではない。

紛うことなき、本物の心霊写真というやつである。

今さらながら見るべきではなかったと感じ入り、たちまち強い後悔に打ちのめされる。今度は迷うことなく削除ボタンを押し、ゴミ箱に移動したメールも消去した。

どうした経緯があってこんなものが撮れたのは分からないし、女が何者であるのかも不明だったが、少なくとも良い写真でないことだけは判断がついた。

それと同じく、今の私にどうこうできる案件でもないと即断する。

哲盛には少々気の毒とは思いながらも、己の現状を鑑みると無理なものは無理だった。そこはかとない後ろめたさも押し寄せてきたが、それでも心は動かない。

かくなるうえは早めに忘れてしまおうと思い倣し、私は重苦しいため息をつきながらPCの電源を落とした。

超金縛り

ツアーコンダクターの仕事をしている菜乃《なの》さんは五年ほど前、とんでもない金縛りに見舞われたことがあるという。

仕事で山陰地方の古い旅館に泊まった時のことだった。

深夜、違和感を覚えて目覚めると、身体が石のように固まり、動けなくなっていた。

ここまでは世間で広く知られる、いわゆる金縛りの症状である。

菜乃さんは、過去に何度か金縛りを経験している。仕事で外泊した時が大半だった。

だからこの時も「ああ、またか……」とげんなりしながら目を開けた。

ところが目蓋《まぶた》を開いた視界の先に映ってきたのは、部屋の天井ではなく壁だった。

布団の中で寝ていたのだから、視界に映るべきは電気の消えた暗い天井のはずなのに、見えるのは視界の脇に床の間が映る、古びた部屋の砂壁である。

不審を覚え、視線を下へ落としてみると、捲れあがった布団の上に自分の足が並んで浮かんでいるのが見えた。つま先は柳のごとく、だらりと下方へ垂れさがっている。

寸秒間を置き、ようやく事態が把握できたとたん、ばくりと心臓が跳ねあがる。

菜乃さんの身体は、直立した姿勢で布団の上から二十センチほどの高さに浮きあがり、さらにはその状態で身体が強張り、動けなくなっていたのである。

悲鳴をあげようにも、のどすら痺れて、小さな呻《うめ》き声をあげるのがやっとだった。

代わりにうろ覚えのお経を頭の中で何度も唱え、必死に現状の回復にかかる。

幸いにも数分足らずで身体はふわりと軽くなり、布団の上へと崩れるように落下した。

けれどもさすがにこのまま再び眠り直す気にはなれず、そのままフロントへ向かうと、適当な理由を作って部屋を替えてもらった。

以来、仕事で外泊する際には、かならず御守りを持つようにしているそうである。

あんな特殊な金縛りには二度と遭いたくないと、菜乃さんは顔をしかめて話を結んだ。

聞いてねえよ！

「昔は相当グレていた」という久佐木《くさき》さんが、中学生の頃に体験した話である。

晩夏の深夜、暴走族の先輩たちに「名残りの夏を楽しもうや」と肝試しに誘われた。

だいぶ前に潰れた県道沿いのパチンコ店に、幽霊が出るという噂がある。パチンコで大負けした腹いせに、店のトイレで首吊り自殺をした女の霊であるという。

女が首を吊った個室の中を覗くと青白い手に掴まれ、中へと引きずりこまれてしまう。実際に体験した者もいるらしいので、真偽を検証してみようとのことだった。

怖いものが苦手な久佐木さんは、内心恐ろしかったのだけれど、先輩たちにビビりと思われたくなかったし、暇を持て余してもいたので誘いに乗ることにした。

深夜二時頃、バイクで向かったパチンコ店の廃墟は、入口のガラス戸が粉々に割られ、容易く中へ侵入することができた。

件のトイレは店の奥側にあるという。入口と同じく、ガラスの割られたパチンコ台がずらりと並ぶレーンの前を、半分ほどまで横切った時だった。

先輩のひとりが「えっ！」と肩をびくつかせ、両側をレーンに挟まれた通路のほうへ目を瞠《みは》った。視線を追って顔を向けると、暗く染まった通路の奥に人影が見える。

他の先輩がすかさず懐中電灯の光を向けると、壊れたパチンコ台に向かって腰掛ける男の姿が、暗闇の中にくっきりと浮かびあがった。

薄汚れたジャンパーを羽織った髭《ひげ》もじゃの小男で、毛髪は鳥の巣のように乱れている。一瞬、幽霊かと思ったのだが、風体から判断するにホームレスではないかと思い直す。

「おいおい、ビビらしてんじゃねえよ！」

最初に驚いた先輩が笑い混じりに男のほうへ向かって近づいていく。他の先輩たちもそれに続いたので、久佐木さんも一緒にあとを追い始めた。

男は先輩の声に動じるそぶりも見せず、黙って壊れたパチンコ台を見つめ続けている。なんだかおかしいなと感じながら、久佐木さんは歩を進める。

「なんだよ、シカトかよ！　挨拶ぐれえしろよ、おめえ！」

いちばん前を歩く先輩が呆れた声をあげながら、男のそばまで近づきかけた時である。

久佐木さんが瞬きをした一瞬のうちに、男の姿がパチンコ台の前から忽然《こつぜん》と消えた。

短い静寂のあと、久佐木さんを含むその場にいた全員が爆雷のような悲鳴を張りあげ、全速力で店を飛びだす。

「あんなの出るって聞いてねえよ！　あんなん出るとか全然聞いてねえし！」

もはやトイレで首を吊った女の霊の検証どころではなかった。

得体の知れない男の消失に頭の芯まで打ちのめされた一行は、ほとんど半狂乱のまま、闇夜に静まり返った県道をバイクでぶっちぎってきたそうである。

驚くべきこと

深夜、大学生の叶《かのう》さんが、仲間たちと地元の廃墟へ肝試しに入った時のことである。
内部を探索中、床の上に古びた日本人形が転がっているのを見つけた。
驚いたので腹いせに思いっきり顔を踏みつけ、首から上をすり潰すように粉砕する。
探索を終えて帰宅すると、脳梗塞を起こした母が救急車で運ばれていくところだった。
翌朝、母は帰らぬ人となった。

エヴァーグリーン

重森《しげもり》さんという、五十代になる公務員の男性から聞かせていただいた話である。

彼が高校時代に通っていた田舎の公立高校に、清華《せいか》さんという名の同級生がいた。

彼女は小鹿のそれを思わせる、黒くてつぶらな瞳と、すらりと伸びた手足が印象的な美人だった。性格も朗らかで柔らかく、男子たちからの人気は総じて高かった。

クラスが違うこともあり、ほとんど言葉を交わす機会もなかったのだが、重森さんも清華さんには密かな恋心を抱き、校内で姿を見かけるたび、心を焦がし続けていた。

ところが重森さんが三年生になった夏場に、清華さんは突然この世を去ってしまう。

死因は自殺だった。彼女は、学校の近くにある病院の屋上から身を投げて亡くなった。

自殺の動機はいじめ。当時、彼女が所属していたバスケットボール部の部員たちから、こぞって嫌がらせを受けていたらしい。

いじめの動機は腹いせ。主犯格の女子部員が告白の末に恋破れた男子生徒というのが、清華さんに想いを寄せていた。事実を知って怒り狂った彼女は他の部員たちをけしかけ、長らく清華さんをいびり続けていたのだという。

清華さんは遺書を残さずに亡くなったので、自殺の動機は不明という結論が下された。いじめの事実は生徒たちの間にのみ、陰ながら漏れ伝わった情報である。

一時は聞き取り調査もおこなわれたが、余計なトラブルに巻きこまれることを恐れた生徒たちは、皆一様に口を噤《つぐ》んだ。

主犯格の女子部員は、地元の名士の一人娘だった。狭い田舎で彼女の家を敵に回せば、自ずと地元で暮らしづらくなる。だから事実を知っていながらも、誰もが口を閉ざして闇へと真相を葬った。重森さんもそうした隠蔽《いんぺい》に加担した臆病者のひとりだった。

清華さんの死はとてもショックで痛ましかったのだけれど、将来は地方公務員として地元の役所に勤めることを望んでいたので、騒ぎに巻きこまれるのは憚られた。

忸怩《じくじ》たる思いに駆られはしたものの、結局は我が身かわいさに事実を胸にしまいこみ、長じて志望していた公務員試験に合格。晴れて地元の役所に勤める運びとなった。

それから三十年近い月日が過ぎた、真夏の眩《まばゆ》い昼下がりのことである。

職場で熱中症に陥った部下の付き添いで、重森さんは地元の総合病院へ向かった。

不幸中の幸いでそれほど容態は悪くないらしく、点滴を打ってしばらく休んでいれば問題ないとのことだった。遅れて家族も来ると言うので御役御免と判断し、重森さんはひとりで職場へ戻ることにした。

玄関口を抜け、駐車場に停めてある車に向かって敷地の中を歩くさなかのことである。

視界の端にふと映りこんだ小さな人影に、なぜだか背筋がぞわりと粟《あわ》立った。

視線を向けた先には、病院の外壁沿いにぽつりと佇《たたず》む少女の姿があった。

白と黒のシックな色みを帯びた夏用のセーラー服に身を包み、小鹿のそれを思わせる黒くてつぶらな瞳と、すらりと伸びた手足が印象的な少女である。

忘れもしない。それは在りし頃からまったく変わらぬ、可憐な清華さんの姿だった。

清華さんは満面にたおやかな笑みを浮かべ、こちらに視線を向けている。

一方、重森さんは顔じゅうを引き攣《つ》らせ、彼女の姿に視線を釘付けにされてしまう。

かつての淡い恋心など、胸には微塵も湧いてこなかった。代わりに強い恐怖と焦りが全身を駆け抜け、みるみるうちに口の中が干上がっていく。

そうしたこちらの様子を察しているものか、清華さんは満面の笑みをますます輝かせ、すらりと伸びた生白い脚を颯々《さっさつ》と、重森さんのほうへと向かって歩ませ始めた。

みるみるうちに近づいてくる。普通に歩いているだけなのに、足の運びが異様に速い。ふたりの距離はずんずん狭まり、彼女の仔細もさらにはっきり見えるようになってくる。胸元に結ばれたリボンの色が、血のように赤い。

人形のごとく整った細面に浮かぶ笑みは、親愛や好意に根ざして生じるそれではなく、ぎらぎらと射竦めるような強い憎悪と軽蔑に満ち満ちたものだった。

直感的に「殺される」と思った。同時に「わっ！」と悲鳴があがり、突かれたようにその場を走りだす。あとは脇目も一切振らず、無我夢中で車の中へと駆けこんだ。

猛スピードで車を発進させながら敷地の端々に視線を向けて見たが、清華さんの姿はどこにも見えなくなっていた。

「命拾いをした」と思ってほっとするなり、涙が滝のように頬を伝ってこぼれ始める。続いて凄まじい自己嫌悪に駆られ、重森さんはしばらく声をあげて泣き続けた。

以来、件の病院には二度と近づかないようにしているという。

自分は今でも臆病者で卑怯なのだと肩を竦ませ、重森さんは萎れるように話を結んだ。

マチコじゃない！

琴子《ことこ》さんが、交際中の彼氏の家に初めて泊まりにいった時のこと。

彼氏の家は住宅地の中に立つ、古びた木造の一軒家だった。

家は二階建て。部屋数は多く、庭もそれなりに広い。

彼氏の父で五代目になるという。昔は付近一帯の大地主だったらしい。

この日、両親は他県に暮らす身内の葬儀に参列するため、留守にしているとのことで、家には彼氏以外、誰もいなかった。

借り受けた台所で料理の腕を振るい、彼氏とふたりで風呂に入ったりしているうちに時間はあっというまに過ぎてゆき、気づけば夜更けを迎えていた。

二階のいちばん奥にある彼氏の部屋で同じ布団に入り、おしゃべりを楽しんでいると、そのうちふつりと糸が切れるように深い眠りの中へと落ちた。

それからどれほど経った頃だろう。

静まり返った薄闇の中、首筋と乳房に生じる違和感に、ふと目が覚めた。

首筋を這い回る、湿り気を帯びた緩い感触と熱い吐息。

剥きだしの乳房をぐいぐいと揉《も》み拉《しだ》く、冷たく堅い手の感触。

素っ裸のまま寝てしまったので、目覚めた彼氏が再び欲情しているのだと思った。

けれどもあいにく、こちらは眠くて仕方なかったし、触り方も若干痛くて不快である。

瞑目したまま、彼氏に「やめてよ」と抗議の言葉を向けかける。

ところが言葉は声にならなかった。のどの奥が痺れて声帯が震えず、代わりに口から出たのは、「はうん……」という音にならないかすかな吐息だけだった。

異変に驚いて目を開けると、見たことのない老人が布団に潜って、琴子さんの身体に張りついていた。皺《しわ》だらけの禿頭に脂汗《あぶらあせ》を浮かせた、でっぷりとした体躯の大男である。

老人は荒い息を弾ませながら、琴子さんの首筋をねばついた舌でべろべろと舐め回し、ぎゅうぎゅうと潰すような勢いで両の乳房を揉み拉いている。

顔面には恍惚《こうこつ》とした色が浮かんでいた。たちまち凄まじい恐怖とおぞましさに駆られ、悲鳴をあげようとしたのだけれど、やはり声は音にならず、長い吐息と化すだけだった。

彼氏はどこだと思って視線を動かすと、すぐに姿が目に入った。

部屋の壁際に目を瞑ったまま全裸で突っ立ち、左右にふらふらと身を揺らしている。

「マチコさん、マチコさん、ああ……マチコさん……」

彼氏の異様な姿に驚愕しているところへ、老人が何やらもそもそと言葉を繰り始めた。

「マチコさん、ああ、マチコさん……マチコさん、マチコさん……」

首筋から離した顔面を今度は乳房の間に深々と埋ずめ、左右に首を振りながら老人は、なおもわけの分からないことをつぶやき続ける。

無論、自分はマチコなどではない。

こんな得体の知れない老人に身体を許す理由もない。

裸のまま、直立姿勢でふらふら揺れる彼氏の姿も怖かった。

そもそも今、自分はどういう状況に陥っているというのだろう。

道理も分からず、ひしひしと膨れあがっていく恐怖と不快感にぼろぼろと涙がこぼれ、声にならない嗚咽《おえつ》が掠れた吐息となって、のどから果てることなく絞り出た。

「マチコさん、マチコさん、ああ……マチコさん、マチコさん……」

こちらの絶望など一顧《いっこ》だにせず、なおも老人は気色ばんだ笑みを浮かべて乳房を弄る。

「マチコさん、マヒコさん、ああ……マヒホはん……マヒホひゃん……」

老人の唇が乳首を舐《ねぶ》り始めてまもなく、琴子さんの心は限界に達し、意識が途切れた。


再び目覚めたのは、正午に近い時間だった。

昨夜のことは夢だと思いたかったのだけれど、布団から身体を起こしてすぐ、視界に飛びこんできた彼氏の姿に、一縷《いちる》の希望も潰された。

彼氏は部屋の壁際に、全裸でごろりと横たわっていた。肩を揺さぶって声を掛けると、ほどなく彼氏は目を開けた。昨夜、眠りに就いてからのことは何も覚えていないという。

目覚めてもなお、気だるそうに項垂れている彼氏に昨夜の一部始終を語り聞かせると、しばらく顔色を蒼くしていたのだが、やがて「ただの夢だろう」と乾いた笑みを浮かべ、あとはどれだけ食い下がろうと、まともに取り合ってくれなかった。

彼氏の態度はあからさまに取り繕《つくろ》っているようにしか見えず、「マチコって誰？」と尋ねた時は、小さく肩がびくついたのもこの目で見た。

何かを知っているのは明白だったのだけれど、詮索しても無駄だと判じて諦めた。

その代わり、この日を境に距離を遠ざけ、彼氏と別れることにしたのだという。

飛びだし注意

轟《とどろき》さんの暮らす家は、住宅地のやや奥まった丁字路の先に立っている。

門口の内側から見ると、まっすぐ延びた道路が真正面にあり、家の前面に立てられた板塀に沿って、左右にも道路が延びている。

道幅はそれなりに広く、見通しも悪いわけではないのだけれど、轟さん宅の板塀にはこの三十年余りで、実に六度も車が突っこんでいる。

時間は決まって、夜から深夜。運転者は付近の家を訪ねてきた者か、何かの間違いで住宅地へ迷いこんできた者ばかりである。

年代のほうは様々で、下は二十歳の大学生から上は七十代までと幅広い。

いずれの車も、家の前に延びる直線道路から丁字路を曲がる際にハンドルを切り損ね、板塀を破って敷地の中へ突っこんでくる。

不幸中の幸いと言うべきか、これまで死人や重傷者が出たことはなく、壊れた板塀も事故のたびに弁償してもらっている。

ただ、どうしてこんな事故が起こるのか？　その原因が薄気味悪くて厭《いや》だった。

事故を起こした運転手らは、皆口を揃えて「女の子が飛びだしてきた」と語っている。

丁字路の突き当たり、轟さん宅の門前辺りに車が差し掛かった時、右の曲がり角からふいに女の子が飛びだしてきた。慌ててハンドルを切ったのだけれど運転が追いつかず、板垣に車が突っこんでしまったのだという。

女の子の年頃は七、八歳ぐらい。三つ編みに結ったおさげを首筋からぶらさげていて、暗闇の中でもはっきりと見える白っぽい服を着ていた。

これらの特徴も、運転手たちの供述で一致している。

だがこの三十年余り、轟さん宅の近辺で、然様な特徴に合致する女の子は存在しない。丁字路の右を曲がった先には住宅が何軒か並んでいるのだけれど、いずれの家にも特別、怪しげな謂《いわ》れがあるわけでもない。

女の子の素性が分からないまま、かれこれ三十年余り。四、五年おきの割合で起こる衝突事故は、おそらく今後も続くのだろうと轟さんは語っている。

価値観の相違

深夜。独り暮らしの安アパート。テレビのバラエティ番組を観ている。

芸人たちのトークに声をあげて笑っていると、すぐ隣から——。

「つまんない」

不機嫌そうな女の声が聞こえてくる。

鬼念の黒巫女　弐

二〇一八年十二月初旬。

朝方にかつての無礼な相談客・哲盛安男が電話をよこして四日が過ぎた、午後のこと。

自宅の仕事場で新刊用の原稿を書き進めるさなか、催してきたのでトイレに立った。

用を足し終えて戻ってくると、ノートＰＣのデスクトップ画面に見慣れぬファイルが表示されているのが目に入る。画像データのようだった。画面の端にぽつんとある。

こんな物は、トイレに立つ前にはなかったはずだし、まるで身に覚えがなかった。

ウィルスか何かの仕業ではないかと思ったのだが、もしも仕事で使うデータだったら不用意に消すのはまずい。

アイコンの下に表示されているファイル名は、わけの分からないアラビア数字の羅列。中身を判別するヒントにもならないものだった。仕方なく開いてみることにする。

ファイルの上に置いたカーソルをクリックして画面に出てきたのは、写真だった。

自撮りをしているとおぼしき哲盛安男のバストアップと、その背後にぬっと突き立つ黒い影法師《かげぼうし》のような女が写っている。

写真を見るなり、思わずぎょっとなって身が強張った。続いて荒い吐息がこぼれる。

件の写真は先日、確かに消去したはずである。メールに添付されていた画像データはゴミ箱に移動したのを確認したうえ、メールごと完全に消し去っている。

一連の作業は全てメールソフトの中でおこなっていた。画像データをデスクトップに引っ張りだした覚えはないいし、コピーもしていない。

だからこんなものがＰＣの中に残っているはずはなかったし、消したはずのデータが、いきなりデスクトップに出てくるわけもないのである。

けれども揺るぎない事実として、デスクトップ画面には得体の知れない黒巫女が写る写真の画像がでかでかと表示されている。

特異な感覚は未だ使い物にならないというのに、写真を目にしていると不穏な思いがひしひしと湧いてきて、胃の腑が寒くなっていく。哲盛の相談など引き受けていないし、事の概要すらも知らないというのに、どうして我が身にこんなことが起こるのか。

思い始めたところへ考えたくなどないというのに、「これはまだまだ続くな」という予感を覚え、眉間に深い皺が寄る。肺が萎むような太いため息も吐きだされた。

一瞬、哲盛に連絡を入れようかと思ったのだが、結局やめておくことにする。

あの男の気質を鑑みれば、積極的に関わりたくはなかったし、迂闊に手を差し伸べてまたぞろ逆恨みを買うような羽目になるのも御免だった。

だがそうした一方、「まだまだ続く」という予感もある。望まざる予感が正しければ、いずれ何かの形で再び哲盛と接触を持つ機会も来るのではないかと思った。

仮に動くとすれば、その時に腹を決めよう。下手にこちらからは動かないほうがいい。何しろこちらは満身創痍《まんしんそうい》の身なのだし、今は何事にも慎重すぎるぐらいが適切なのだ。

結論に至ると、デスクトップにある画像データを改めて消去した。

画面から写真が消えても「これでひと安心」という思いは湧きたたず、目蓋の裏には黒々と染まる巫女装束の女が焼きついたままだった。

その後も得体の知れない女の残影にしばらく悩まされながら、私は悶々とした心地で遅々として進まなくなった原稿に向かい続けた。

脳内警報

由美佳《ゆみか》さんが以前勤めていた職場に、梶尾《かじお》さんという男性がいた。

高身長でイケメン、人当たりも良い好人物で、職場の女性たちから人気の男性だった。

由美佳さんが職場に勤め始めてまもなくから、梶尾さんは彼女に親しく声を掛け始め、折りに触れては食事や映画へ誘ってくるようになった。

決して強引な誘いではなく、こちらの都合を気遣ったうえでの誘いだったのだけれど、由美佳さんは一度もそれに応じたことはない。

彼のことは決して嫌いなわけではなかったが、誘いの話題が出るタイミングになると、決まって厭な夢にうなされた。

目覚めた時に仔細はよく覚えていないのだけれど、自分が梶尾さんに殺されるという夢である。首を絞められたり、刃物で刺されたり、殺され方は毎回違うものだった。

そんな夢を見たタイミングでばかり梶尾さんが誘ってくるので、どうにも気乗りせず、適当に言葉を濁して断り続けていた。

それから半年足らずで由美佳さんは実家の都合で仕事を辞めることになり、その後は別の仕事に就いた。梶尾さんとも仕事を辞めてそれっきりになってしまった。

新たな職場に勤め始めて、一年近くが過ぎた頃のことである。

ニュースで梶尾さんの顔を見た。

交際中の女性を殺して逮捕されたというニュースだった。

報道によると、殺害前から交際相手にひどい暴力を振るい続けていたらしい。

やはり誘いに応じなくてよかったと心底思い、歯の根を震わせたそうである。

炙りだす

街場のマンションで独り暮らしを育美《いくみ》さんから、こんな話を聞かせてもらった。

ある時、学生時代からの友人が魔除けの御札を持って遊びに来た。

旅行中に訪ねた神社で拝受してきたものだという。

「家内安全とかじゃなくて、魔除け?」

苦笑いしながら尋ねると、「だって、種類がこれしかなかったんだもん」と返された。

御札を求めた神社は、悪鬼邪気の祓いに強いところだったのだという。

マンションにはかれこれ十年近くも住み続けているが、これまで別段、怪しい現象が起きたことはないし、特に怖いと感じたこともなかった。

もらったところで大した意味はないと思ったのだが、厚意を無駄にするのも忍びなく、さっそく御札を部屋の壁に貼りつけた。

その日の夜のことである。

寝苦しさに育美さんが目覚めると、部屋の隅で妙な気配を感じた。

視線を向けた先には箪笥《たんす》があるのだが、寝る前には閉まっていたはずの抽斗《ひきだし》がひとつ、うっすらと開いているのが目に入る。気配は、その抽斗の中から強烈に感じられた。

怪訝に思いながら見つめていると、抽斗の中から青白くて細いものが何本も出てきて、抽斗の縁へ横並びになって垂れさがった。人間の指だった。

続いて中から、ざんばら髪を揺らめかせた女の顔が、日の出のごとく突きだしてくる。

女は青ざめた面貌《めんぼう》に苦悶《くもん》の表情を浮かべ、飛びださんばかりにぎょろりと開いた目玉で育美さんの顔をじっと見据えた。

そこで育美さんの意識は途切れてしまう。


翌日以降、箪笥の中から女が出てくることはない。部屋からいなくなったのだろうと、育美さんは解釈するようにしている。

得体の知れない女を炙《あぶ》りだしたとおぼしき魔除けの御札は、今もそのまま部屋の壁に貼り続けているそうである。

合わぬ者には合わず

杏奈《あんな》さんが高校時代に体験した話だという。

ある日の放課後、新しく友人になった同級生を自宅に招いた。

家は駅前の一等地に立つ高層マンション。杏奈さんが幼稚園の頃に両親が買った。

玄関を開け、リビングへ友人を通すと、初めのうちはにこやかだった彼女の顔つきがみるみる強張り、血の気が引いて真っ青になった。

まもなく全身も小刻みに震え始め、尋常ではない様子になる。

驚いて「具合悪いの?」と尋ねたところ、彼女はぼろぼろと大粒の涙をこぼしながら、

「ごめん、もういられない。無理……」と答えた。

「どうして?」と尋ねても、首をぶるぶる横に振りながら「駄目。言えないよ」などと答えるばかりで話にならない。

おろおろしながら様子を見守っていると、彼女はふいにリビングの隅っこに向かって
はっとした表情で首を振り向け、凄まじい金切り声をあげた。
そのまま突進するような勢いでリビングを飛びだし、家から出ていってしまう。

夜になって両親が帰宅し、夕飯の席で今日の出来事を話した。
するとふたりは思いだしたように顔色を曇らせ、とんでもないことを打ち明けた。
「そう言えばこの家って、事故物件だからね」
十五年ほど前、以前の住人だった女性が、恋人に刃物で刺し殺されているのだという。
事情が事情ゆえ、格安で売りにだされたのを買ったのだと両親は言った。
暮らし始めてまもない頃は薄気味が悪いと感じることもあったが、時に怪しいことが
起こるでもないのでそのうち意識しなくなり、今ではすっかり忘れていたという。
実際、杏奈さんも幼い頃からこの家に住んでいて、特に怖い体験をしたことはない。
翌日、件の友人に再び何があったのか尋ねたのだけれど、彼女はとうとう口を割らず、
その後はすっかり疎遠になってしまったという。

とばっちり

都内のアパートに独りで暮らす、千秋《ちあき》さんの話である。

ある日を境に千秋さんは、夜な夜なうなされるようになった。

悪い夢を見る時もあれば、金縛りに襲われることもあり、時には不穏な気配を感じて目覚めると、部屋の隅に黒い人影のようなものが立っていることもあった。

アパートには暮らし始めて五年近く経つのだけれど、こうした事象が起きたことなど今まで一度もないことだった。理由も特定できないまま、夜ごと理不尽な事態に苛《さいな》まれ、心身ともに減退させられる日々が続いた。

それらが全て嘘のように収まったのは、ひと月近くが経った頃のことである。

夕方、仕事から帰宅すると、アパートの前に黄色いバリケードテープが張られていた。

近くにいたアパートの住人に事情を尋ねたところ、殺人事件があったのだという。

厳密には死体遺棄容疑でひとりの住人が逮捕され、容疑者の部屋に鑑識が入っていた。

逮捕されたのは、千秋さんの隣の部屋に住む三十代の男だった。

SNSで知り合った若い女性を殺害し、部屋に遺体を隠していたのだという。

男が逮捕され、遺体が部屋から運びだされて以来、千秋さんの身に夜ごと起きていた怪異はぴたりと収まったそうである。

首長ばあば

矢部《やべ》さんが小学生の頃の話である。

当時、矢部さんの祖母は、自宅から少し離れたアパートに独りで暮らしていた。以前は一緒に暮らしていたのだけれど、母との折り合いが悪く、矢部さんが小学校にあがる頃から、住まいを別にするようになっていた。

矢部さんは祖母を「ばあば」と呼んで慕《した》っていた。学校が終わるとほぼ毎日のごとくばあばのアパートに立ち寄って、おやつをご馳走してもらうのを楽しみにしていた。

矢部さんが三年生になってまだまもない、桜の季節のことだという。

放課後、いつものようにアパートへ向かい、玄関脇のチャイムを鳴らした。

ほどなく「はあい」と声がして、がちゃりとドアが開かれる。

中から出てきたばあばの姿を見たとたん、思わずぎょっとなって悲鳴があがった。

夕闇に染まる薄暗い玄関口に突っ立つばあばは、顔色が腐ったバナナのように黒ずみ、首がキリンのごとく長々と伸びて、頭のてっぺんが天井につきそうなほどだった。

あまりの姿に悲鳴をあげるだけでは収まらず、同時に腰も抜かしてしまい、その場にどっと尻餅をついてしまう。

そこへばあばがすかさず「なんなんだい？」と身を迫らせてきた。再び悲鳴をあげて逃げだそうとしたのだが、再び目にしたばあばの姿は、いつものばあばのそれだった。

再び「どうしたんだい？」と尋ねられるも、うまく言葉にすることができなかった。

「なんでもない」と気を取り直し、その後はふたりでおやつを食べて時間を過ごした。


ばあばが首を括って亡くなったのは、その日の夜のことだった。

アパートのテーブルに残されていた遺書には、長らく続く母との不仲に気持ちが疲れ、もう耐えられないとの旨が、切々とした筆致で書き記されていたそうである。

迎えに行くね

病気で心を患っていた彼氏が、飛び降り自殺を図って亡くなった。
葬儀が終わった数日後、死んだ彼氏から日時指定の小包が届く。
中に入っていた手紙には、「寂しくなったら迎えに行くね」と書かれていた。
以来、周囲で不穏な気配と視線が絶えない。

大義は向こうに

不倫相手の男の妻に、ふたりの不貞が発覚した。
以来、夜な夜な妻の虚像に跨《またが》られ、頬を張られる日々が続いた。
耐えきれなくて、まもなく別れたのだけれど、妻の虚像は未だに頬を張り続ける。
泣きながら凄まじい目をして、ひたすら頬を張ってくる。

鬼念の黒巫女　参

二〇一八年十二月上旬。戸外に鋭い寒風が吹き荒ぶ、ひどく寒い一日のことである。

その日、私は朝から県内の山岳地方にある、小さな田舎町に出掛けていた。

先月から知り合いの拝み屋に頼まれている、例の変則的な仕事の一環である。

拝み屋の助手らと一緒に町内の各所を始め、町の周囲に聳える山々も巡り歩いてきた。

それなりの気分転換にはなったものの、特異な感覚は相変わらず停滞したままだったし、不慣れな山中を歩いたことで身体はひどく消耗してしまった。

ようやく帰宅したのは、夜の七時半過ぎ。

居間に設えた炬燵《こたつ》に入ると昼間の疲れがどっと押し寄せ、ほどなく眠気が差してくる。

風呂には入っていないが、食事は外で済ませてきた。今夜は他にやることもないので目蓋に擦り寄る睡魔の誘惑にしたがい、そのまま横になることにした。

肩口までじわじわと沁みるように伝わる炬燵の熱気が心地よく、眠りはすぐに訪れた。ほとんど墜落睡眠に近い、深くて静かな眠りである。

日頃、あまり寝付きのよくない私としてはある意味、理想的な就寝だったのだけれど、いくらの間も置かず、意識は現《うつつ》に引き戻されてしまう。

玄関口から聞こえてくる男の声で目が覚めた。「ごめんください」を繰り返している。時計を見ると、まもなく九時になる頃だった。宅配便でも来たかと思い、寝ぼけ眼《まなこ》を擦りながら炬燵を抜けだし、玄関戸を開ける。

だが、戸口の向こうに立っていたのは宅配業者ではなく、あの哲盛安男、本人だった。

「こんばんは。お会いできてよかったです。夜なら絶対いるなと思って。実は昼間にも一度来たんですけど不在だったみたいなので、出直してきました」

ばつの悪そうな笑みを浮かべて哲盛が言う。

「うちは予約制なので、基本的に事前連絡のないご相談はお受けしていないんですがね。それに仕事は毎晩九時でおしまい。残念ですが、今夜もそろそろ終業の時間です」

たっぷり嫌味をこめて言ってやったが、腹の中では「来たか」と思って身構えていた。予感的中。やはり先日の件からは逃げられそうにない。ならば腹を決めるよりなかろう。

「そんなぁ……」と顔を歪める哲盛に「特別ですよ」と勿体つけて、家の中へ入れる。

「しっかし、ひどいですよ先生。着信拒否にしちゃうんだもんなあ。メールもあれから何度か送ったんだけど返事がないし。しょうがないから直に訪ねてきたんです」

仕事場の座卓を挟んだ向こうから、哲盛が子供のような色を浮かべて口を尖らせる。

先日、哲盛が電話をよこした朝方、黒巫女の写真が添付されたメールを消去する際にアドレスのほうも受信拒否にしてやった。哲盛は私に非難がましい視線を送ってきたが、誰からの連絡を拒もうが、それはこちらの正当な権利である。頭をさげる義理もない。

「今夜はどういったご用件でしょう。なるべく簡潔にお話しいただけると助かります」

無益なぼやきをうっちゃって、さっそく本題に入る。

哲盛は一拍置いたのち、神妙そうな口ぶりで「私、呪われてるみたいです」と答えた。

「簡潔に」とは頼んだが、簡潔すぎて話が見えない。

「それはなかなか穏やかな状況じゃありませんね。一体全体、どのような経緯があって、どんな相手に呪われているとおっしゃるんです?」

「まあ、私が悪いんですけどね……。身から出た錆というか、自業自得って言いますか。相手は先生と同じような仕事をしている女性です」

哲盛の話によると事の発端は半年ほど前、今年の六月辺りのことだという。

彼は県内のとある町で仕事をしている、女性霊能師の許を訪ねた。

藤宮蓮華《ふじみやれんげ》という四十代半ばになるその人物は、顔こそ拝見したことはなかったけれど、名前は私も聞いたことがある。

広いようで狭い業界なので相談客の口から時々、同業者の名前や仕事ぶりについての話題が出ることがあるのだ。これまでに何度か聞かされている相談客らの印象は様々で、「すこぶる優しい先生」という者もいれば、「氷のように冷たい女」という者もいたし、中には「守銭奴のペテン師」と罵る者もいた。いずれも印象が一致しない。

人が他人に抱く所感など、各々の価値観や眼力、関わりようによって如何ようにでも変わるものなので、それらを鵜呑《うの》みにするのは軽率である。私自身もこれまで手掛けた相談客からどのように思われているのか、分かったものではない。

だから、よその評判は「話半分に」を心掛けて耳に入れるようにしているのだけれど、評価は人によってまちまちであっても、当人が積み重ねてきた実績だけは変わらない。

藤宮蓮華は本職の霊能師として、地元を拠点に長らく仕事を続けている人物である。続けられているのは、相応の腕があるからだろうというのが私なりの印象だった。

閑話休題。

哲盛が藤宮の許を訪ねた理由は御多分に漏れず、宝くじの当選祈願だったのだという。

まったくもって懲りない男である。

「答えは先生と同じ。『仮にそんなことができるのなら、自分で拝んでいますよ』って言われました。そのうえで、あれこれ仕事に関するお小言をもらったのも同じです」

言い草。「お小言」ではなく「アドバイス」だろう。少なくとも私はそうした思いで彼に言葉を向けたつもりだったし、おそらく藤宮の意図も同じだったはずである。

だが、そこから先の流れは違った。

哲盛は私の時とは違って、藤宮の返答に顔色を悪くはしなかった。

「なんかキュンときちゃいましてね。藤宮さんの言葉や表情に目から鱗《うろこ》の思いでした」

彼女が自分好みの美人だったからである。聞けば、純白の千早と朱色の袴姿が似合う清楚な雰囲気の女性とのことだった。写真に写っていた黒巫女と服装が一致する。

藤宮は宝くじの当選祈願を断った代わりに、哲盛が営む会社の運勢を鑑定したうえで私と同じく哲盛に、己の在り方や今後の事業に関する指針についての助言を持ち掛けた。

哲盛はそれらを一言一句、素直な態度で聞き入れたそうである。

藤宮蓮華の魅力に心を惹かれた哲盛は、その後も彼女の許へ足繁く通うようになった。仕事がうまくいかないのは相変わらずだったので、相談するネタには尽きなかった。うだつがあがらず、常識と礼節にも多くの不備が見られる哲盛に対し、藤宮は総じて優しく懇切丁寧な応対をしてくれた。

無論、それはあくまでも「接客を目的とした」彼女なりのあしらいだったのだけれど、そうした態度を諸《もろ》に勘違いした哲盛は、日に日に良からぬ想いを募らせていく。

かくして最初の相談から五ヶ月近くが経った、先月半ば頃のことだという。

哲盛は相談終了後に己の熱い気持ちを打ち明けたうえで、彼女を食事に誘った。答えはＮＯ。短い沈黙からの「ごめんなさい」とともに、「仕事で知り合った方とは、個人的なお付き合いをしないようにしております」というのが、彼女の回答だった。

「いけると思ってたんですけど、問答無用のＮＧでした。ショックでしたよねえ……」

苦々しく満面を歪め、ため息混じりに哲盛がこぼす。

「まあ、『自分に絶対、気があるんだ』って勘違いしていたこっちも悪いんですけどね。でも、向こうのほうだってそれまでには随分、思わせぶりな態度をとってきたわけです。やたらと長ったらしく目を合わせてきたり、私のことを物凄く褒めてきたりとかね」

他にも「自分が相談に通うようになると、化粧の雰囲気が微妙に変わってきた」だの、「予約の電話を入れると、毎回嬉しそうな声をだしていた」だのと並べ立てる。

内心、「馬鹿じゃないのか?」と思って、危うくからかい倒してやるところだったが、減らず口はいずれ我が身に返ってくるものである。黙って話の続きを聞くことにした。

敢えなく玉砕されてしまった哲盛は、この場に至っていよいよ愚劣な本性を露にする。愚かなことに藤宮を口汚く罵った挙げ句、「今まで払った金を返せ」と迫ったのである。自分を色香で誘って長らく通わせていたのだから、当然の要求だろうという理屈だった。無論のことながら、自分本位の勝手な言い掛かりに過ぎない。

「当然」といえばこちらのほうが当然の理のごとく、藤宮はぴしゃりとこれを突っ撥ね、「もう二度とお越しにならないでください」と言い捨てた。

哲盛はさらに憤慨して食い下がったが、「警察を呼びますか?」という藤宮の言葉に怖じ気づき、ようやく彼女の仕事場を引きあげた。

ただ、怒りと憎悪に猛る気持ちは、その後もますます激しくなっていくばかりである。帰宅してからも腹の虫は一向に治まらず、人の純情を弄んだうえに絶縁まで突きつけた藤宮に対し、どうにか一矢報いてやりたい衝動に駆られる。

「それで思いついたのがその……いわゆる誹謗中傷ってやつだったんですよね」

満面に少々ばつの悪そうな色を浮かべ、哲盛がぼそりと囁《ささや》くような小声で言った。

手前勝手な憤りをこじらせた末、彼はこの上なく卑劣な報復に乗りだしてしまう。

ネットに公開されている藤宮蓮華の商用サイトやタウン情報サイトの口コミ欄などに、彼女の人格を完膚なきまでに侮辱する罵詈雑言《ばりぞうごん》を次々と書きこんでいったのである。

具体的な記述は避けるが、大まかには藤宮の性格や肉体を卑猥《ひわい》に揶揄《やゆ》するコメントや、ありもしない彼女の乱れた男女関係の様子、特殊な性的嗜好についての書きこみなどが、その大半を占めた。いずれも本人が読んだら卒倒してしまいそうなコメントである。

「匿名掲示板とか、全然関係のないニュース記事のコメント欄とかにも書きこんだので、全部合わせると結構な数になったはずです、ええ」

「あなたは最低だ」

あけすけに軽蔑の意をこめた微笑を浮かべ、軽やかな声で哲盛に告げる。

「分かってますって。匿名掲示板は無理でしたけど、消せるコメントは全部消しました。今では心から後悔してます。だってそれからまもなく、私の身辺でとんでもないことが起こり始めてしまったんですから……」

哲盛が語るには、ネットに書きこみをおこなって数日経った頃からだという。

全身に妙な気だるさを覚え、ひどい眠気と偏頭痛に苛まれるようになった。

初めのうちは単なる風邪か疲労だろうと思っていたのだが、どれだけ身体を休めても症状は一向に改善される気配がない。医者に行っても駄目だった。

連日続く身体の不調に悩まされ、「どうにもこれは普通じゃないぞ」と思い始めた頃、今度は身の回りで得体の知れない気配のようなものも感じ始める。

「目には見えないんですが、自分の割と近くに誰かがじっと立っているような気配です。それから『射竦める』とか『蔑《さげす》む』みたいな感じかなあ。時々、すごく冷たい目つきで睨まれているような視線も感じる時があります」

「ちなみに今、何か見えませんか？」と尋ねられたが、あいにくこちらの特異な眼力は、機能不全の真っ最中である。視えるどころか、気配すらも感じることはなかった。

こうした異変が一週間余りも続いた頃、さすがの哲盛も己が所業を顧みることになる。

もしかすると一連の不調と怪事を引き起こしているのは、藤宮蓮華なのではなかろうか。

卒然と思い做すなり、ネットに書きこんだ誹謗中傷をあらかた消した。

当初はそれで全てが収まるものだと思っていたのだという。

「でも駄目でした。その後も身体はずっとしんどいままだし、気配も消えてくれなくて。なんなら気配のほうは、前より強くなったような気さえしてきたんですよね」

なおも事態の終息が見えないまま、さらに一週間近くが過ぎた夜のことである。

会社のデスクに向かって仕事をしていると、いつにも増して気配を強く感じてしまい、背筋がぞわりと粟立った。

気配が強すぎるため、居場所も初めて把握することができた。自分のすぐ背後である。聞き耳を立てれば息遣いさえ聞こえてきそうなほど、その存在感は生々しかった。

振り返る勇気はなかったが、しばらく躊躇った末に写真を撮ってみることにする。

スマホを自分の怯《おび》えた顔に向け、背後の様子が収まるようにレンズの向きを整えつつ、固唾《かたず》を呑んでシャッターを切った。

それで撮影されたのが、件の黒い女が写った写真である。

「ご覧になりましたか？　誓って言いますけど、合成とかじゃないですからね」

「ええ、拝見させていただきました。私が見る限りでもマジもんの写真だと思います」

「色が黒くなっちゃってるんで分かりづらいかもしれませんけど、写真に写ってるのは間違いなく藤宮蓮華だと思います。私は彼女に呪われているんでしょうか？」

「いや、呪いというはよりむしろ、生霊《いきりょう》のほうかな？　話を聞くとそんな気がします」

哲盛が発した推測を否定したうえで、もっとも可能性の高い回答を突き返す。

藤宮蓮華が仕事で巫女装束を着ているという話を聞いた段階で、写真に写る黒い女が彼女であることはすぐに分かった。

それを生霊と断定したのは、哲盛が訴える症状からの推論である。

二十年近く拝み屋を続けるなか、これまで生霊にまつわる相談も無数に手掛けてきた。稀に例外はあるものの、生霊の被害を受ける者には概ね決まった症状があるのだ。

連日続く身体のだるさと偏頭痛。それに加えて、視えざる気配というのがそれである。いずれも先刻、哲盛が並べた諸々に合致する。

くわしい道理は不明ながら、生霊というのは被害者の倦怠感に作用するケースが多い。過去の症例では、どれだけ寝ても解消されない不快な眠気に悩まされていた者もいたし、集中力が散漫になってしまう者や、何をするにも気力が湧かなくなってしまう者もいた。頭痛を除けば、主に被害者の心と身体機能を鈍化させるのが、生霊の特徴と言える。

一方、死霊の場合はどちらというと、痛みに訴えるケースが多い。激しい頭痛を始め、首筋や肩、背中などに生じる断続的な痛みや重苦しさなどが、主なる症状となる。

先にも触れたとおり例外もあるため、症状のみから原因を判じることはしないのだが、原因を特定するうえでの判断基準としては、それなりに大きな手掛かりとなってくれる。

今回のケースにおいては症状の合致に加え、哲盛と藤宮の間に生じた一連の流れから俯瞰しても、おそらく原因は生霊で間違いなかろうと思った。

「生霊ですか。でも、相手はプロの霊能師ですよね？　故意に私のことを呪ってるとか、そういう可能性も考えられなくはないんですか？」

いかにも不平そうな顔つきで、哲盛が尋ねてくる。

「素人思案で言っているんでしょうけど、呪いというものを甘く見ないほうがいいです。現役のプロが本気で呪ったとしたら、こんなに甘ったるい症状じゃ収まっていませんよ。胸だの顔面だのに、のた打ち回るような痛みが生じることもあれば、わけの分からない事故や事件に巻きこまれて大怪我を負わされる場合もある」

「だったら素人なりに言いますけど、今の症状だってそんなに楽なもんじゃないですよ。程度の違いは分かりましたが、そもそも呪いと生霊って根本的に何が違うんです？」

「そうですね。分かりやすく説明するなら、加害者が被害者を故意に攻撃するのが呪い。無意識に攻撃してしまうのが生霊です。だいぶざっくりした区分けになりますがね」

藁《わら》人形と五寸釘を用いる丑の刻参りや、人形に切り抜いた紙を用いる類感呪法の厭魅《えんみ》、敵方に動物霊を送りこむ使鬼神法《しきしんぽう》など、呪いというものは基本的に加害する側の人間が明確な意志をもって、定められた儀式の下に執り行うものである。

それに対して生霊は、加害者側が被害者に対して思い抱く負の念が、無自覚のうちに得体の知れない力や虚像を帯びて発動し、危害を及ぼしていくというものなのだ。

こうした自覚における有無の差は、相手に及ぼす影響にも大きな違いとなって表れる。

哲盛に向かって、さらに道理を説明する。

「生霊という現象は、加害者側の無意識から生じる〝不満の発散〟みたいなものなので、はっきりとした目的意識が希薄な場合が多いんです。だから症状のほうも比較的軽いし、大事に至るケースも少ない。相手の苦しめ方や死なせ方を具体的にイメージしたうえで執り行う呪いの力とは毛色も違いすぎるので、基本的に比べようもないんです」

「なるほど。そういうもんなんですね。今の説明を聞いてちょっと安心してきましたよ。要するに生霊って奴はそんなに強いもんじゃないんですよね？　でしたらここはひとつ、先生のお力で私から藤宮さんの生霊を祓ってもらっちゃいただけませんか？」

縋《すが》るような目つきで哲盛が乞う。

対して私は、気だるい声音《こわね》で即座に答えを突き返す。

「それはできないご相談ですね。あなたの話を聞く限り、大義は彼女の側にあると思う。要するにお宅は、藤宮さんの生霊にどれだけ苦しめられても仕方がないというわけです。こんなことになって、被害者ぶる気持ちは分かりますが、ここまで至る経緯を鑑みれば、当然の結果と言わざるを得ない。込み入った事情もあるのですが、単なる道義としても、受ける側のほうに非があって発生した生霊を、無闇に祓うわけにはいかないんです」

過去にも不倫相手の配偶者から生じた生霊や、虐めの被害者から放たれた生霊などを祓ってほしいという相談は何件もあった。それらを全て、私は一顧だにせず断っている。

対面にいる哲盛と同じく、いずれの相談客も己の起こした所業を恥じ入る意識が薄く、あまつさえ、生霊を発する相手を罵ったうえで自己擁護に乗りだす者もいた。

あまりに虫の良すぎる願いだし、それでは生霊を発する当人も報われないと思うのが、斯様な依頼を断る大きな理由のひとつである。

「だから後悔してますよ。毎日、生きた心地がしないし、もう十分だと思いませんか？お願いですから、なんとか救《たす》けていただきたいんです……」

手前勝手な言い分で懇願する哲盛に、思わず乾いた吐息が漏れる。

「私の知り合いにも元霊能師の女性がいます。それから現役で拝み屋をしている女性と、占い師の女性も。仮に彼女たちに同じことをしでかしたら、この三人も藤宮蓮華さんとよく似た報復に出るか、あるいはそれ以上の手段を用いてあなたを粛清するでしょうね。あなたが今回、藤宮さんに対してしでかしたことは、それほど罪深いことだと思います。後悔よりも反省をしてください。話を進めてほしいのでしたら、まずはそこからです」

「します。しますよ、心から反省いたします。だから私を救けてもらえませんか？」

まあ、そう来るだろうと思っていた。見切り発車で容易く人を傷つける輩というのは、どうしてこうも打たれ弱いのが多いのだろう。研究に値するテーマかもしれない。

「お祓いはできませんけど、最低限の範囲であなたの身を守ってあげることはできます。まずはそれでよろしいでしょうか？」

「勿論です、ＯＫです！　どんな感じで守っていただけるもんでしょうか？」

「御守りですよ。生霊除けの御守りをお作りしますので、それで被害を凌《しの》いでください。とは言え、なんの力もない人間が作った御守りなんかいらねえとおっしゃるんでしたら、話は別ですが」

以前の仕返しに嫌味をたっぷり交えて言ってやったが、案の定、哲盛は断らなかった。

「御守りが生霊の怪奇現象から守ってくれるんでしたら、何枚でも喜んで持ちますよ！　でも、どうしてお祓いのほうは駄目なんですか？」

面倒くさいと思いながらも、事情をかいつまんで説明する。

「簡単に言うと、相手に対して気の毒だからですよ。こうした場合におこなう魔祓いは、そのままずばり『生霊返し』と言うんですが、これをおこなうと生霊を発する当事者の体調を著しく悪くしてしまうことが多いんです」

生身の人間が発する情念、ないしは分身という性質を持つ生霊は、下手に押し返すと被害対象に向かうべきだった良からぬものが、本人の身へ直接戻ることになってしまう。そうした場合、呪い返しなどと同じく、先方の心身に相応の負担を負わせてしまうのだ。

逆恨みや嫉妬、歪《いびつ》な好意などを筆頭に、生霊を発する側の意図が不純なものであると判じた際には、遠慮なく生霊返しの儀を執り行うようにしている。

一度で効き目が薄い場合には、相手が生霊を発する気力を失うまで、経過を見ながら何度も同じ儀式を繰り返す。生霊というのは、こうして潰していくのがセオリーである。

だが、今回のごとく被害者側に落ち度があると判じた場合においては、斯様な措置を禁じ手としていた。理由は先にも述べたとおり、あまりにも相手に気の毒だからである。

「生霊というのは、当人の気持ちがある程度収まらない限り、延々と続くケースが多い。だからその影響を受けることになった当事者は、ひたすら強い謝罪と反省の念をもって、生霊の力が衰えていくのを待つしかないんです。御守りである程度の実害は防ぐことができるはずなので、是非にそうしてください。よろしいですか?」

「分かりました。でも参ったな。そうなると私はこれからしばらく先が見えない状態で、怯え続けことになるんですよね? やっぱり他に解決策ってないんですか?」

「さあね。ところで今回の件、藤宮さんご本人に直接謝罪はされましたか?」

「いえ、先生と同じです。いっぺん電話はしたんですけど、着信拒否にされてましたよ。メールも多分、受信拒否にされてるだろうから、謝る以前の問題です」

なるほどね。私と同じく、窓口を塞いだか。ならば詮なき話である。

実は物凄く単純な手順を踏むことで、生霊の被害を綺麗さっぱり解消する方法がある。さらには生霊返しと違ってこちらの手段を用いれば、基本的には生霊を発する当事者を大きく傷付けることもない。

けれども手順自体は単純であっても、実行するのはなかなか容易なことではなかった。効果は証明されているものの、私も過去に数えるほどしか試したことはない。

哲盛がそんなに早期の解決を望むのならば、心からの反省を誓わせたうえでやり方を教えてやってもよいかと思ったのだが、事情を知ってやはり口を噤むことにする。

謝罪と反省の気持ちも確かに大事だが、怯えることもそれなりの贖罪《しょくざい》にはなるだろう。まだまだ猶予はたっぷりある。大事に至らない程度に怖がってもらうべきと判じた。

「私の着信拒否は解除しておきますから、万が一何かあったら連絡をください」

努めて事務的な口ぶりで窓口の再開を伝え、ひとまず話を打ち切ることにする。

「よかったです。まずは安心しました。もしも救けてもらえなかったらどうしようって、今夜はずっと心配しながらお邪魔させてもらったもんですから……」

萎れた笑みを浮かべつつ、いかにもへりくだったような口ぶりで哲盛が言う。

「別にいいんですけどね。できることしかできませんし。ところでどうしてもう一度、私のところを訪ねてみようと思ったんです？　地元には他にも私と同じ仕事をしている有能な先生方がたくさんいらっしゃると思うのですが」

「言わせないでくださいよ。実はここに来るまで他にも何軒か相談にうかがったんです。でも、どの先生からも相談自体を断られました。恥を忍んで白状しますと不肖わたくし、よそでも結構、出禁になっていたりするんです……」

内心、なんたることかと思いながらも、敢えて余計な突っこみは入れなかった。

代わりに今さらながら、とんでもない問題客を手掛けることになってしまったと思い、もやもやと得体の知れない気分になってくる。

とはいえ、乗りかかった船である。今は経過を見るしかないとも思った。

「せっかくの機会です。今回の件で気持ちも少しは入れ替えるようにしてください」

どうせ「小言」と受け取られるだろうと勘繰りつつも、玄関口で哲盛を見送りながら手短に「アドバイス」を告げ、この日の相談は終了となった。

乗りこまれる

夜半過ぎ、家路を急いで車を飛ばす。
寂れた墓場の前を通った時、背後から「末永く」と声がした。
振り向くと、後部座席に見知らぬ女が座っている。

暗闇ばくり！

「始めに断っときますけど、ネタじゃないっす。マジな話ってことで聞いてください」

土建業に勤しむ物部《ものべ》君が、なんとも嫌そうな顔で語ってくれた話である。

二年前の夏場、物部君は学生時代からつるんでいる悪友たちと、夜中に地元の廃墟へ肝試しに出掛けた。

その昔、火災で工員がひとり焼け死んだとされる化学工場の残痕で、内部は半焼状態。夜中に入ると、全身が黒々と焼け爛《ただ》れた幽霊に襲われると言われている。

スリルに興じる気持ちが半分。それでも内心、怖いと思う気分が半分といった案配で、炎の痕跡が至るところに生々しく残る工場内を巡り歩いた。

「霊ってマジでいるのかな?」

「いるんじゃねえ?　見たって言う奴、いっぱいいるじゃん」

「いや、いねえ。幻見たか、単なるフカシか、大体どっちかだって話だろ」

「いてもいなくても、雰囲気超怖えよ、この事故物件」

怖さを紛らわすように、軽口を叩きつつ狭い通路を横並びになって歩いていると――。

ばくり！

突然、物部君の股間に鋭い痛みが走った。どうやら何かに噛みつかれたらしい。

物部君が「うおっ！」と驚きの叫びをあげると、友人たちもほとんど同時に声をあげ、身体をびくりと跳ねあげた。

「おい、なんだ今の！　ばくって来たぞ！　なんだこれ！」

聞けば全員、何かに股間を噛まれたのだという。

一同、蒼然となって足元の暗闇に視線を凝らす。けれども懐中電灯が照らす光の先に、股間を噛んだ相手の姿が浮かんでくることはなかった。

どろどろと粘りつくような暗黒に支配された工場内は、不気味なまでの静寂に包まれ、何かが発するわずかな気配すらも感じることができない。

にわかに恐ろしくなってきた物部君たちは、じんじん疼く股間の痛みに難儀しながら、転がるような勢いで逃げだしてきたそうである。

青春時代のキャミソール

「出くわす時って、場所を問わずに出くわすものなんですね……」

小栗《おぐり》さんが渋い顔をしながら、こんな話を聞かせてくれた。

彼が中学生だった頃、当時住んでいた田舎町の県道沿いにエロ本の自販機があった。

自販機はトタン張りの小さな掘っ立て小屋の中にあり、外から様子はうかがえない。

ただ、小屋の入口付近には「十八歳未満立ち入り禁止」と記された看板がでかでかと貼りつけられているので、ひと目でいかがわしい場所だと分かる。

当時、青春真っ盛りな年頃だった小栗さんは、このいやらしい掘っ立て小屋の存在が、常々気になって仕方がなかった。

それである晩、とうとう勇気をだして中を覗きに行ってみることにした。

というより正確には、生まれて初めてのマイエロ本を手に入れるのが目的だった。

夜更け過ぎにこっそり家を抜けだし、自転車に乗って暗い夜道をひた走る。

ほどなくたどり着いた掘っ立て小屋は、内部で灯る自販機の明かりが外まで漏れだし、砂利の敷かれた入口付近の地面を仄かに明るく照らしていた。

衝動に突き動かされるまま入口を潜ると、三畳ほどの狭いスペースに古びた自販機が三台並んで立っている。黄ばんで汚れた展示窓の中には、扇情的《せんじょうてき》な写真が表紙を飾るエロ本がぎっしり詰まって売られているのが見えた。さっそく自販機の前へと踏みだし、財布から抜きだしたなけなしの小遣いを投入口に入れ始める。

そこへ視界の端にふと、妙な気配を感じた。振り向くと小屋の奥まった薄暗い壁際に白いキャミソール姿の女が突っ立って、こちらに笑みを浮かべているのが見えた。

思わず「ぎゃっ！」と叫び声をあげ、すかさず小屋から飛びだす。

だが困ったことに自販機に金を入れたまま、逃げだしてしまったことに気がついた。

どうしたものかと思った末、息を殺して中の様子をうかがってみる。

薄暗い小屋の中には自販機の光が灯るばかりで、女の姿など影も形もなかったという。

この夜の以来、小栗さんは二度と掘っ立て小屋に近づかなくなったとのことである。

これでもご覧

「お化けというものは、実は一度だけ見たことがあるんですが、状況がちょっとですね、恥ずべき感じのものなんですよね……」

ためらいがちな面持ちで少々口ごもりながらも、輔野《すけの》さんが語ってくれた話である。

昭和五十年代の初め頃、輔野さんが小学四年生の時だという。

当時、輔野さんの周囲ではスカート捲りが流行っていた。

ターゲットは主にクラスの女子。

休み時間や掃除の最中など、標的に選んだ娘が無防備な状態でいる一瞬の隙をついて素早く背後に回りこみ、スカートの裾を下からかっさらうようにして捲りあげる。

当然、被害に遭った女子たちからは激しい非難を受けるのだけれど、怒鳴られようが平手打ちを喰らおうが、漲《みなぎ》る青い助平心の前ではいずれも糠《ぬか》に釘だった。

中には襲撃されて泣きだす娘もいたが、そんなことすら意にも介さず、輔野さんらは来る日も来る日も盛りのついた獣のごとく、スカート捲りに明け暮れていた。

そうしたある日のことである。

週末の夕暮れ時、商店街をぶらついていると、総菜屋の前に同じクラスの女子がいた。久恵《ひさえ》ちゃんという娘で、目鼻立ちのすっきりとした可愛い顔の女子である。

久恵ちゃんはひとりで、総菜屋の軒先に設えられたガラスケースに視線を向けている。服装は首元に純白の丸襟がついた黒いワンピースという、フォーマルなものだった。

祖母が病気で亡くなったとかで、久恵ちゃんは数日前から学校を休んでいた。休んだ日数から換算して、おそらく今日ぐらいには葬儀も終わった頃ではなかろうか。どことなく不慣れな面持ちで店の前に佇む様子を見るに、精進落としに振る舞う料理のお使いでも頼まれたのだろうと思った。

黒いワンピースを纏《まと》った久恵ちゃんは、いつもとは趣きを異にした雰囲気を醸しだし、輔野さんの目には妙に色っぽいものに映った。

たちまち股間がむずむずしだして、ぜひとも「捲ってやりたい」衝動に駆られ始める。

久恵ちゃんのスカートは、以前も何度か捲ってやったことがある。

彼女は元来、気弱で大人しい性分なので、スカート捲りの餌食にされても強い態度で抗議してくることはなかった。せいぜいべそをかきながら「何をするの……」と小声でつぶやくくらいが関の山である。

そうした嗜虐心《しぎゃくしん》をくすぐる反応も含め、輔野さんは久恵ちゃんのことが好きだった。

意を決するなり、そっと息を殺して歩きだし、忍び足で彼女のうしろへ近づいていく。

至近距離まで詰め寄っても久恵ちゃんはこちらに気づく様子もなく、雑多な総菜が並ぶガラスケースに視線を落としたままである。

しめしめとほくそ笑み、尻のまんなか辺りで揺れる黒い裾へと向かって指を伸ばす。

そこへ突然、スカートの中からずるりと何かがはみ出てきた。

逆さまになった老婆の顔だった。

老婆は、土気色に染まった皺くちゃの顔面から両目をぎょろりと皿のごとく剥きだし、凄まじい形相で輔野さんを睨みつけた。

思わず悲鳴をあげて身を引くと、久恵ちゃんがはっとした様子でこちらに顔を向けた。

同時に老婆の顔は、上から吸いこまれるようにずるりとスカートの中へ消えていく。

「何しているの……？」と久恵ちゃんに声を掛けられたが、返す言葉が出てこなかった。代わりに再度悲鳴があがり、全速力でその場を走り去った。

以来、怖くて久恵ちゃんのスカートだけは絶対に捲らなくなったそうである。

敢えて確認してみることもなかったけれど、久恵ちゃんのスカートから出てきた顔は、亡くなった彼女の祖母のものではないかと輔野さんは語る。

「そりゃあ、喪中の孫娘に妙なちょっかいをだそうとすれば、死んだ祖母ちゃんだって怒るに決まってますもんね……。子供だったとはいえ、あまりに軽薄だったんですよ」

輔野さんは苦笑いを浮かべつつ、「ＴＰＯを弁《わきま》えるべきでした」と話を結んだ。

個人的には、ＴＰＯの問題だけではないと思うのだけれど。

肛門写真

「恥を忍んで打ち明けますが、これは本当の話です。ちゃんと証拠もあるんです……」

顔じゅうに躊躇いがちな色を滲《にじ》ませ、そろそろ四十代半ばになろうとする出口《でぐち》さんが、こんな話を聞かせてくれた。

出口さんは小学校低学年の頃、家族や親類にカメラを向けられるとしばしばズボンをずるりとおろし、カメラに向かって尻を向けるという趣味があった。

時代は昭和の末期頃。写真撮影は、フィルム式カメラでおこなわれていた時代である。撮られたショットは現像されるまで、どんな仕上がりになっているのか分からない。

己のケツは、果たしてどんな具合に写っているのか?

日にちを置いて焼きあがってきた自分の尻写真を見るのが楽しくて、何度怒られても懲りることなく、出口さんはカメラの前に尻を晒し続けていた。

斯様に愚劣な奇行を喜々と重ねる、ある時のことである。

お盆に親戚宅へ泊まりに行った晩、庭先で花火をしている最中に叔父が「記念に」と、カメラを向けてきた。

当然ながら、出口さんは「待ってました」とばかりにズボンをずりおろし、カメラに向かって尻を向ける。さらにこの日は「特別サービス」として、割れ目を両手で左右に思いっきり引っ張り、肛門が丸見えになるようにもした。

一緒にいた叔母からは叱られたが、叔父はゲラゲラ笑ってシャッターを切ってくれた。出口さんは恍惚とした思いのなか、己の肛門をカメラに収めてもらうことができた。

それからしばらくして、叔母が現像された写真を出口さんの家に持ってきた。

さっそく「見せて!」とせっついたのだが、喜色満面の笑みを浮かべる出口さんとは逆に叔母の顔色はよろしくない。

「どうしたの?」と尋ねると、叔母は険しい顔つきで「びっくりすると思うんだけれど、やっぱり見せたほうがいいと思って……」とつぶやいた。

テーブルの上に差しだされた写真を見始めてまもなく、出口さんはぎょっとなる。

真新しい印画紙の中には、肛門をおっ広げた出口さんの尻がでかでかと写されていた。左右にばっくりと開いた尻肉の具合も、放射状の皺を黒々と照りつかせる肛門の様子も、自分が期待していたどおりの写り映えだったので満足だった。

けれども写真には余計なものも写りこんでいる。肛門を思いっきり広げている右手のすぐ上辺りの尻肉に、薄笑いを浮かべた女とおぼしき顔が浮かんでいる。顔は、皮膚がそのまま盛りあがったような色みと質感を帯び、人面瘡のような具合である。

一緒に写真を見た母もたちまち真っ青になり、「ズボンをおろしなさい！」と叫んだ。普段ならば喜んで尻を晒して見せるところだが、この時ばかりは指が震えてもたついた。ようやく露にした尻を母に向け、「どう……？」と尋ねたところ、幸いにも女の顔はなかったそうである。

「でも写真にはしっかり写っていたんです。霊ってこんなとこにも写るんですね……」

そう言って出口さんが見せてくれた写真には確かに、小さな尻の上に浮かぶ女の顔がはっきりと写っていた。

この一件以来、彼はカメラに尻を向ける奇行をすっかり卒業してしまったそうである。

玉ぺた

「小学生の男子って基本、バカな生き物ですよね。私も昔は、自分でも呆れるくらいにバカな小坊でした。そんなバカが災いして、あんな体験をしてしまったんですよね」

自嘲気味な笑みを浮かべつつ、畜産農家の戸袋《とぶくろ》さんが語ってくれた話である。

彼が小学三年生の時。時代が昭和から平成になって、まもない頃のことだという。

当時、戸袋さんの学校では、下品な悪ふざけが流行っていた。

名を「玉ぺた」と言って、標的にした相手の玉袋を平手でぺちりと叩く行為である。

玉ぺたは通常、複数人でおこなわれる。役割分担は、標的の金玉を引っぱたく執行人。そして、標的の周囲で囃《はや》し立てるサポーターの二種類がある。

執行人が標的となる対象をロックオンすると、みんなで一斉に「玉ぺたっ、フォー！玉ぺたっ、フォー！」と節をつけながら声を張りあげ、素早く標的へ接近を図る。

続いて執行人が、手のひらを上に向けた平手を下から思いきり掬《すく》いあげるような形で、標的の金玉を引っぱたく。

その間、サポーターたちは標的の周囲で、在りし日のマイケル・ジャクソンよろしく、両脚を大きく広げた己の股間に木の葉のごとく開いた一方の手を添え、もう一方の手を後頭部に回しつつ、恍惚とした表情で「玉ぺたっ、フォー！」を連呼する。

これが、玉ぺたの儀式である。発案したのは戸袋さんだった。

初めはひとりでやっていた。なんとなくノリで思いついた悪ふざけだったのだけれど、玉ぺたを喰らった友人たちも次第に真似をし始め、はたと気づいた頃にはいつのまにか、男子児童たちの間で一大ムーブメントを巻き起こしていた。

戸袋さんが怪異に見舞われたのは、そんな「玉ぺたブーム」が真っ盛りの頃である。

ある日の放課後、彼は同じクラスの友人たちと、学校の近所にある墓地へ赴いた。

目的は墓前に捧げられた供物。

墓地の中には盆でも彼岸でもないのに、絶えず大量のお菓子とジュースが供えられる墓がある。どうやらだいぶ昔に交通事故か何かで亡くなった子供の墓らしいのだけれど、供物は鴉の餌食になるか寺に処分される運命なので、勿体ないことこの上ない。

そんな噂を聞きつけ、ならばお裾分けをいただこうという話になったのである。

夕闇迫る墓地の中へ踏むこむと、目当ての墓はすぐに見つかった。果たして噂どおり、墓前には袋のスナック菓子やらチョコレートやらが、ずらりと並んで供えられていた。

周囲に人影は見当たらなかったが、目ぼしい菓子をいそいそとランドセルに詰めこみ、墓前を立ち去る。

とはいえ、夕刻の墓地は水を打ったように静まり返り、辺りに人の姿は見当たらない。代わりに帰り足を進める道すがら、墓地の一角に立ち並ぶ地蔵の姿が目に留まる。

地蔵は全部で七体あった。

幼児ぐらいの背丈をした地蔵が六体に、大人ほどの背丈がある大きな地蔵が一体。

左から小さな地蔵が六体、右端に大きな地蔵がずらりと横並びになって屹立している。

いずれの地蔵も澄ました顔で目を瞑り、夕暮れ時の薄闇に朧《おぼろ》な輪郭を浮かばせていた。

「なあ、やっちゃうか？」

戸袋さんの隣にいた友人が、にやけ面を浮かべながら地蔵たちに指を向ける。

そのひと言だけで、何を「やっちゃう」のか、瞬時に察することができた。

戸袋さんもたちまち顔を綻《ほころ》ばせ、「うん、やっちゃおうぜ」とうなずいてみせる。

「玉ぺたっ、フォー！　玉ぺたっ、フォー！　玉ぺたっ、フォー！」

戸袋さんと友人が声をあげながら地蔵の許へ走りだすと、他の友人たちも喜色満面の笑みを浮かべてそれに続いた。

「玉ぺたっ、フォー！　玉ぺたっ、フォー！」

軽快な掛け声が木霊するなか、戸袋さんが執行人となり、左端に並ぶ地蔵から順番に次々と玉ぺたをかましていく。

「玉ぺたっ、フォー！　玉ぺたっ、フォー！」

地蔵の股間はさすがに石造りとあって、ぺちりとやっても手触りは硬く、氷のようにひんやりとしていた。叩くたび、手のひらにじんわりと冷たい痺れが走る。

背後では友人たちが顔じゅうに恍惚とした表情を浮かべ、マイケル・ジャクソン風のポーズを決めながら「玉ぺたっ、フォー！」をシャウトしている。戸袋さんも負けじとシャウトを繰り返し、地蔵の玉を叩き続ける。

「玉ぺたっ、フォー！　玉ぺたっ、フォー！」

小さな地蔵たちへ順調に玉ぺたをぶちかまし、いよいよ残すは大人ほども背丈のある最後の地蔵のみとなった。

「玉ぺたっ、フォー！」

大きな地蔵の股間に向かって平手を振りかぶった瞬間、手のひらに丸い宝珠をのせて胸元に張りついていた地蔵の左腕がぐわりと動いた。

ぎょっとするまに宝珠《ほうじゅ》を握った地蔵の左手が、下からぶんとスイングするような形で風を切り、戸袋さんの股間を思いっきりぶん殴る。

「うおっ！」と苦悶の叫びをあげて背後へ飛び退くと、友人たちも一斉に悲鳴をあげた。

再び視線を向けた地蔵の左腕は、すでに元の形に戻っていたが、いずれの友人たちも地蔵の腕が動いて戸袋さんの玉を直撃するのを確かに見ていた。

みんなで蒼ざめながらその場を逃げだすさなかにも、戸袋さんは背後から地蔵たちが追って来るのではないかと思い、気が気でなかったそうである。

さすがに仏を相手に玉ぺたはまずかった。それに加えて、墓から菓子をくすねた罰も当たったのかもしれない。後の祭りではあったが、反省すること頻りだった。

この日の一件以来、戸袋さんらは墓から二度と菓子を盗ることはなくなり、玉ぺたも相手を慎重に選んでおこなうようになったのだという（やめたわけではない）。

私は目撃者

「玉ぺたっ、フォー！　玉ぺたっ、フォー！　ってなかなか攻めたフレーズじゃない？　面白いから芋沢《いもざわ》君も言ってみて！」

「嫌です。そんなに面白いとも思いません。ていうか、どうして急に下ネタ系の怪談を連発しだしちゃってるんですか？　こう見えても、割かし俺は引いてるんですけどね」

　卓上コンロの上でぐつぐつ鳴いているおでん鍋。

　直箸《じかばし》で口に運んだガンモを頬張りながら、いかにも呆れた顔で芋沢君が言った。

　一方、私のほうは目から涙をたっぷり滲ませながら、ひいひい声をあげて笑っている。あまりに笑いすぎて腹の皮が痛かったのだけれど、笑いは一向に治まってくれない。

　反面、そんな私を見つめる芋沢君の顔はますます引き攣り、鍋から取ったおでん種を無言で食らい続けるばかりである。

今夜は完全に浮かれている。ここしばらく続く「浮き沈み」の「浮き」のほうである。重々自覚はしている。だがここまで弾けてしまうと、もはや抑えることはできなかった。

二〇一八年十二月半ば。年の暮れもそろそろ押し迫りつつある、週末の晩。

この日、私は自宅の居間で芋沢君とふたり、ささやかな夕餉《ゆうげ》の席を楽しんでいた。

彼は三十代半ばになる仙台在住の青年で、私の数少ない友人のひとりである。

暇ができるとこうして我が家を訪れ、飯を食べたり、四方山話《よもやまばなし》を繰り広げたりしつつ、だらだらと一夜を明かして帰ってゆく。今夜はおよそ三月ぶりの来訪だった。

今から二時間ほど前、午後の七時過ぎに居間の座卓に着いてまもなく、ふとした話の流れから、おでん鍋を突つきながらの怪談会が始まった。

とはいえ話を語るのは私だけ。語る話も身の毛もよだつような恐ろしいものではなく、主には田舎者が体験した、間抜けな怪異にまつわるものがその大半を占めていた。

初めのうちは、女房の顔をした二足歩行の大狸と畑仕事をしてしまった農夫の話だの、お地蔵さんを相手にママゴト遊びをする羽目になった警察官の話などをしていたのだが、やがて、狐に化かされて真夜中に肥溜めの中で演歌を唄った酒呑みの話をしたところで、芋沢君が「汚いっす」と言いだした。

そこから方向転換をしていった結果、物部君が体験した「暗闇ばくり！」を皮切りに、前話「玉ぺた」に至る下ネタ怪談の流れができてしまったのである。

「原因はあなたです。あなたが肥溜めのことを『汚いっす』なんて言いだしたのが悪い。あれは別名『田舎の香水』とも呼ばれていたものですよ。大変高貴なものなんです」

「だって汚いじゃないですか、おでん食べてる時に。ていうか、俺のせいなんですね？理屈が小学生並みに滅茶苦茶です。俺は別にリクエストなんかしてないんですけど」

ぐずぐずに煮えて黒みがかったウインナーを直箸で掴みながら、芋沢君が答える。

「ねえねえ芋沢君、それって犬のおちんちん？　鍋にちんちんなんか入れてたっけ？」

「うひひ、ちょっとやめてくださいって。ほんとにそういうふうに見えてきます！」

「あ、そうだ。ちんちん、見えるで思いだした。今度はそういう話をしてもいい？」

「なんなんですか、その流れ。どんな話がしたいんです？　どうせ嫌ですって言っても勝手に喋《しゃべ》りだすんですよね？　俺の了解なんかいらないじゃないっすか」

口元に微妙な笑みをこさえながら答えた芋沢君の言葉に「うん、まあね」とうなずき、お望みどおり勝手に喋ることにする。

下ネタ怪談といえば、しばらく前に私も極めて下品な恐怖体験をしていたのだった。

今から三月ほど前の秋口。私の有する特異な感覚が、まだ健在だった頃の話である。

仙台の市街地に暮らす相談客から、立て続けに三件も出張相談の依頼が入った。

こちら側のスケジュールの都合で、仕事は二日に分けておこなうことになったのだが、そうなると自宅と仙台の間も二日続けて往復することになる。面倒だったし体力的にも自信がなかったので、市内のカプセルホテルに泊まって予定を消化することにした。

初日の仕事が終わったのは、午後の八時過ぎ。

ホテルは仙台駅から少し離れた繁華街の一角にある。食事を済ませて現地へ向かうと、そろそろ九時を回る時間になっていた。

仕事の疲れで微妙に眠気が差していたので、すぐに寝てしまおうと考えていたのだが、折り悪く、チェックインの手続きを終えた頃に携帯電話が鳴ってしまう。

割と急を要する知人からの連絡で、ロビーのソファーにもたれて応対しているうちに時間は瞬く間に過ぎていった。電話が終わったのは、十一時半近くのことである。

すでに眠気はピークに達し、目蓋は重たくなっていた。風呂に入ろうと思っていたが、明日の朝にしようと思い直し、割り当てられたカプセルへ向かう。

ところがエレベーターに乗って宿泊用のフロアへ着くなり、少々戸惑うことになった。

フロア全体にずらりと並ぶ、カプセルユニットの造りが妙なのである。

これまで私が泊まってきたホテルのユニットは、いずれも入口から奥側へと向かって伸びるタイプのものだった。言うなれば、土管のような構造である。

それに対してこのホテルのユニットは、横に向かって長い拵えになっている。

上下二段で構成されているのはいつものホテルのそれと同じだが、外部とユニットを隔てる遮蔽物《しゃへいぶつ》は上から下へ向かって引きさげる、ロール式のブラインドではない。

レールに沿って横に引く、単なる分厚い布地のカーテンである。

見た目から受ける印象は、カプセルユニットと言うより、二段ベッドに近かった。

これだけならまだ大して戸惑うことはなかったのだが、問題は他にふたつあった。

ひとつ目は、ユニットの番号が記されたプレートである。

各ユニットの上部にでも貼りつけられているなら、見た目に分かりやすいのだけれど、どういうわけかプレートは、上下のユニットを仕切る細長い縁のまんなか辺りにふたつ、それも横並びになって貼られていた。

これではどちらがどちらの番号を示す物なのか、見当すらも付けられない。

ふたつ目は、先にも述べたカーテンである。

こちらもどういうわけなのか、フロア内に群列するユニットのカーテンは一枚残らず、端までぴたりと閉め切られていた。

フロントで渡されたナンバープレートを持ち、該当するユニットの前まで来たのだが、自分の泊まるユニットが上下のどちらか分からないうえに、カーテンまで閉まっている。仮に誰かが中にいた場合、開ければ互いに気まずい思いをする羽目になるだろう。

ひどい欠陥ホテルと思いながらも、寝床が割りだせないことには眠ることもできない。確認するしかないなと腹を決め、まずは下段のユニットに向かって声を掛ける。

応答なし。

念のため、二度繰り返し「すみません」と呼びかけてみたのだが、中から返ってくる声はなかった。ため息をつきながらカーテンを開ける。

開け放たれた狭いユニットの中では、五十絡みとおぼしき太った親父が全裸になって仰向けに寝そべり、自分のナニをしごいていた。

耳にはイヤホンが刺さり、黒いコードは天井部分に取り付けられたテレビに向かって伸びている。小さな液晶画面には、アダルトビデオの映像が流れていた。

こちらがぎょっとなった瞬間、親父もこちらに気づいて、素《す》っ頓狂《とんきょう》な声をあげた。音にすると「ひゃあ、ああ、あ！」という感じ。妙に上擦った、女みたいな声である。すかさずカーテンを閉め直し、ユニットの横側に設置されているタラップを上りだす。そのまま上段のユニットの中へ滑るような勢いで飛びこむと、こちらは誰もいなかった。どうやら上のユニットが私の寝床だったらしい。

参ったね。なんというおぞましい光景だろう。他人がしてるのなんて初めて見た……。しかもどうして真っ裸《まっぱ》なんだよ……。

忘れようと思っても、全裸で自慰に耽《ふけ》る親父の姿はなかなか強烈なインパクトがあり、脳裏にへばりついて離れようとしなかった。

それに加えて、あまりに気疎い。不可抗力だったとはいえ、親父がタラップを上って抗議に来たらどうしようと、不安な気分にもさせられる。

どきどきしながら、しばらくそっと息を潜めて様子をうかがう。だが、夜更けの近い宿泊フロアは水を打ったように静まり返り、下から親父が出てくる気配もない。

ひとまず安心だけはしたものの、それでも気分は落ち着かなかった。かくなるうえはさっさと寝てしまおうと思い、狭いユニットの中で手早く寝支度を整える。

それから電気を消し、ユニットの奥側に面した壁に顔を向けて横になったのだけれど、余計なことで神経が昂ってしまったせいか、なかなか寝付くことができなかった。

代わりにのどが渇いてくる。ロビーの自販機でジュースを買って飲みたいと思ったが、万が一、下の親父と出くわすことになるのも嫌だった。

結局、のどの渇きに呻いているうちに眠気は徐々に戻ってきて、頭の芯が痺れてきた。どうにか眠れそうだと思いつつ、意識が沈みかけてきた頃である。

カーテン側に向けている背中のほうで、ふと何かが小さく動く気配を感じた。

はっと目が覚め、肩越しに背後を振り返って見ると、細く開いたカーテンの隙間から赤いマニキュアを塗った青白い手が伸びてきて、布団の端を掴んでいた。

思わず悲鳴があがるも、周りで寝ている宿泊客に迷惑をかけまいとする本能が勝手に働いたゆえだろうか。

声は控え目に、なおかつ素っ頓狂な調子で「ひゃあ、ああ、あ！」と発せられた。

同時に手のほうは、カーテンの隙間をするりと這い戻り、下のほうへと消えていった。

しばしの間、不穏な沈黙。深閑《しんかん》とした宿泊フロアの中に、己の鼓動の高鳴る音だけがばくばくと身体を震わせながら伝わってくる。

呼吸を整え、ようやくいくらか正気に立ち返りはしたものの、このままここで一夜を明かすのは御免被りたいと思った。

女のものとおぼしき妙な手は、ユニットの下へ向かって消えている。単なる直感だが、もしかしたら下で寝ている親父と何やら関係があるものではないかと思ったのである。膵炎の誘発を防ぐため、仮にこの後に何かが起きても、無闇に魔祓いも行使できない。手の正体やら親父との関係やらがどうであれ、怪しいものが近くに存在するのであれば、不要なリスクはできうる限り回避すべきと判じた。

かくして甚だ不本意なことではあったのだが、私はそれからまもなく様子を見計らい、荷物をまとめてロビーへおりた。

おかげさまで飲みたかったジュースは好きなだけ飲めたものの、寝床はロビーの隅に置かれた古いソファーに変わり、朝までほとんど眠れないまま過ごす羽目になった。

夜明け過ぎに風呂へ入る時やチェックアウトの間際まで、事あるごとに周囲に視線を配らせてはいたのだが、その後に親父の姿を見かけることはついぞなかった。

ほとほと妙な体験をしてしまったものだと、未だにダレた気分で思い返す次第である。

「てなことが不幸にもこの夏、私の身に起きてしまったのですよ、芋沢君」

「なんだったんですかね。いろんなことが起こり過ぎて、頭が追いついてこないです」

「まあね、どうにも話のハイライトが親父の自家発電のほうに食われてしまいがちだし、ひとつの怪談として語るには、もう少しブラッシュアップが必要だと思うよね」

「いや、だったらいっそ、おっさんの自家発電のくだりこそカットすればいいんですよ。ホテルで寝てたら女の手が出てきたって話だけでいいんじゃないですか？」

「でもさ、そこのくだりを端折《はしょ》ったら、一気に冴えない話になってしまわない？」

「いやまあ……ていうか、本当は単におっさんの話がしたかっただけなんですよね？」

「そうだよ。せっかく思いだしたんだからいいじゃない。貴重な報告だったでしょ？」

「ですね。でももういいです。話すんだったらそろそろ普通の怪談話に戻してください。怖い話だったら、なんとかギリギリ付き合いますから」

　露骨に嫌そうな顔で芋沢君は訴えたが、こちらはまだまだ頭が浮かれるさなかである。ふたつ返事で条件を呑みこんだものの、その後も再び脱線は続いた。

　大いに呆れながらおでんを頬張る芋沢君に見守られつつ、私は結局、夜更け過ぎまで門外不出の下品でくだらない怪談話の数々を披露していく流れとなった。

呼びに来た

専業主婦の三代子《みよこ》さんが語ってくれた話である。

二年ほど前のある時、三代子さんの一家は、遠方に暮らす親しい身内の結婚披露宴に出席することになった。

日帰りできる距離ではないので、式場から近いホテルに一泊することになったのだが、高校生一年生になる一人娘の美園《みその》さんは年頃とあって、「同じ部屋はイヤだ」とごねた。仕方なく夫婦と娘で、部屋をふたつ分けて泊まることになる。

披露宴が終わってホテルに入った、夜中の遅い時間のことである。

「お母さん！　起きて！　やばい！　起きて、お母さん！」

熟睡しているところへ突然、殴りつけるような勢いでドアを激しく叩く轟音とともに、美園さんのけたたましい叫び声が聞こえてきた。

夫とふたり、ぎょっとなってドアを開けると、血相を変えた美園さんが立っている。

「どうしたの！」と声を掛けるや、娘は「いいから早く！」と三代子さんの手を引いた。

わけも分からず向かった先は、美園さんの泊まる客室である。娘はドアを開けるなり、

「早く見て！」と声を張りあげ、夫婦の背中を強く押す。

電気の消えた薄暗い部屋の中に視線を向けると、ベッドで眠る美園さんの姿があった。

「え？」と思って背後を振り返ると、今まで確かにいたはずの娘がいなくなっている。

怪訝に思いながらも今度はベッドで眠る娘に近づき、肩を揺すって声を掛けた。

ところが娘は、ぴくりとも動く気配がない。たちまち嫌な予感を覚えて調べたところ、
脈も心臓も止まっていることに気づく。

ただちに救急車を呼んだのだけれど、娘はすでに息絶えていた。

検死の結果、心不全とのことだった。若い者でも稀に起こり得ることなのだという。

娘が最後の力を振るって救けを求めてきたというのに、どうすることもできなかった。

未だに気持ちの整理がつかず、夫婦で悔やみ続けているという。

やはりそうなる

会社員の明日美《あすみ》さんが、三年ほど前に体験したという話である。
ある日の昼下がり、彼女は近所のコンビニへ買い物に出掛けた。
店に入る前から催していたので、買い物の前に用を足すべく、店内のトイレへ向かう。
ところがドアを開けて驚いた。
便座の上に自分自身が座って、唖然とした顔つきでこちらを見ている。
ドアを開けた自分と、トイレの中にいる自分。ふたりは同時に驚き、悲鳴をあげた。
すかさずドアを閉め直し、逃げるようにその場を離れる。
続いて什器《じゅうき》の陰に身を潜め、閉め切られたトイレのドアに向かって視線を貼りつけた。
どぎまぎしながら様子をうかがう。
けれどもドアはなかなか開く気配がない。戸惑いに加え、次第に焦りも募り始める。

トイレにいたのは、確かに自分自身だった。着ている服まで、寸分違わず同じだった。
あれは一体、なんだったのだろうと首を傾げる。
数分様子をうかがい続けた頃、他の客が目の前を通り過ぎ、トイレのほうへ向かった。
ドアは難なく開いてしまい、客は素知らぬ顔でドアの向こうへ消えていった。
さらにその場で呆然となる。
慌てる素振りすら見せることなく、他の客がトイレの中へ入っていったということは、
おそらくもう、自分の姿は便座の上にはないということなのだろう。
きっと幻でも見てしまったのだ……。
自分の心に言い聞かせ、気持ちを鎮めようとしたのだけれど、そこへふいに凄まじく
厭な言葉が脳裏を掠め、胃の腑がすっと冷たくなった。
ドッペルゲンガー。
自分自身の虚像と遭遇してしまうという、超常現象の一種を表す言葉である。
テレビやネットで浅く知った程度の知識しかなかったが、ドッペルゲンガーの目撃は
確か、自分の死や不幸が起きる前兆とされていたはずである。
絵空事のような話だし、まともに信じていたわけではなかった、

ただ、こうして実際、もうひとりの自分の姿を目の当たりにしてしまうと、穏やかな気持ちではいられなくなってしまう。

どうしてこんな言葉を思いだしちゃったんだろう……。

後悔しながらうわの空で買い物を済ませ、重い足取りで家路をたどる。

そうして、次の角を曲がればもう自宅という距離まで戻って来た時だった。

明日美さんは背後から突っこんできた車に撥ね飛ばされ、全治二ヶ月の重傷を負った。

やはりトイレで見たのは、幻ではなかった。

薄まりゆく意識の中、明日美さんは呆然と確信しながら激しく宙を舞ったそうである。

変わらぬ化身

今から五年ほど前、会社員の千冬《ちふゆ》さんが、結婚式を間近に控えた時期のことである。

ある晩、千冬さんはいつもより早めに仕事を切りあげ、夕暮れ近くに会社を出た。

働き過ぎている自覚はなかったのだけれど、ここしばらく身体の疲れがうまく抜けず、毎日気だるい思いをしながら仕事をしていた。

そろそろ結婚式の日取りも近づいてきているので、なるべく体調を整えておこう。

大事を考えたうえでの退勤だった。

最寄り駅まで戻り、幹線道路の上に架かる歩道橋の階段を上る。

自宅は歩いてもうすぐそこなのだけれど、吐く息は乱れがちで、足元もおぼつかない。

ようやくの思いで階段を上り、反対側の歩道に面した階段へと向かう。

よろめく足で踏面を下り始めた時、背後に異様な気配を感じてうなじの毛が逆立った。

不審に思って振り返ると、階段のすぐ真後ろに学生服を着た少女が立っている。

「嘘……あんた、美樹《みき》だよね？」

声をあげた瞬間、少女はにやりと笑い、両手で千冬さんの背中を突き飛ばした。


再び意識が戻ったのは、それから二時間近く経ったあと。病院のベッドの上だった。

歩道橋の階段から転げ落ち、鼻と左の頬骨、さらには右足首も骨折していた。

一瞬、病院の関係者らに事実を伝えようかと考えたのだが、どうせ信じてもらえないだろうと思い直し、口を噤むことにする。代わりに翌日、中学時代の友人に連絡を入れ、美樹の現況を尋ねてみた。

てっきり死んでいるのかと思ったが、美樹はまだ生きていた。彼女は未だ独身のまま、実家に暮らし続けており、地元の寂れた町工場で働いているとのことだった。

美樹というのは中学時代の同級生で、在学中に千冬さんが散々いじめた少女である。

冴えない容姿をからかうとすぐに泣きだすのが面白く、事あるごとに「クソ面」だの「顔面ホラー」だのと罵っては、彼女の涙を絞り取っていた。仲間たちと一緒になって小突き回したり、教科書を一冊残らず燃やしてやったりしたこともある。

中学を卒業して以来、美樹とはずっと会っていなかった。

自分を恨んでいるだろうことは百も承知だったので、昨夜は自殺でもした美樹の霊が、目の前に現れたのだと思っていた。

けれども真相は違った。彼女は今でも生きている。

得体の知れない美樹の襲撃は、お化けに出くわすよりも恐ろしいと感じた。


その後、結婚披露宴はキャンセルが決まり、多額の違約金を請求されることになった。当初は延期の方針で考えていたのだけれど、百万単位の資金を再び工面するのは難しく、泣く泣く中止となってしまった。

結婚から三年後に生まれた女児は、美樹の容姿について二度と何も言えなくなるほど、それは醜《みにく》い顔をしていた。母親として、決して思うべきではないと分かっていながらも、娘の顔を見るたびにため息が出るほど、うんざりさせられてしまう。

夢に思い描いていた結婚生活とはほど遠い、強い失意と不満に心を掻き乱されながら、千冬さんは日々を暮らし続けているという。

見たゆえか

会社員の高山《たかやま》さんは五年ほど前まで、市街のアパートに彼女とふたりで暮らしていた。

奈月《なつき》さんという三歳年下の女性で、互いに将来は結婚を見据える間柄だった。

やはり五年ほど前の冬場、週末の夜にふたりで映画を観に行った帰り道のことである。

映画館から最寄りの地下鉄駅へ向かい、階段をおりて構内の連絡通路を進んでいると、通路の向こうからひとりの女性が歩いてきた。

濃い目の茶髪をショートボブにした若い女性で、服装は紺色のジャンパースカートに白いコートを羽織っている。髪型も服装も、その日の奈月さんとまったく同じだった。

「似ているなあ」と思いながら歩いているうちに、互いの距離がどんどん縮まっていく。

それに比例して、女性の仔細も徐々にはっきりし始めてくる。

そのさなか、高山さんはふいに鳩尾《みぞおち》の凍りつくような感覚を覚え、思わず足が縺《もつ》れた。

似ているどころではない。

通路の向こうからやって来る女は、奈月さんの姿と寸分違わず同じだった。

隣に並んで歩く奈月さんに視線を向けると、彼女もひどく強張った顔つきでこちらを見つめ返してきた。その目は驚きと恐怖の色に染まって、ふるふると揺れている。

ふたりが見つめ合うさなかにも、女はこちらに向かって何食わぬ様子で近づいてきた。距離が迫れば迫るほど、女の仔細はますます明瞭となり、鼻筋についた黒子《ほくろ》の位置まで同じであることが見て取れる。

堪らずふたりで足を止めたところへまもなく、女が奈月さんの脇を通り過ぎていった。その刹那、女は横目でちらりと奈月さんの顔を一瞥《いちべつ》し、唇を小さく歪めて笑ってみせた。

奈月さんは完全に顔色を失い、その場で棒を呑んだように固まっている。高山さんも膝が笑って立っているのもおぼつかなかったが、ほとんど無我の境地で奈月さんの腕を強く掴むと、そのまま改札へ向かい急ぎ足で歩き始めた。

「ねえ、見た？　何あれ？　わたしだった。わたしだったよね……？」

目に涙を浮かべ、おろおろした素振りで尋ねてくる奈月さんに「うん」と答えるのが精一杯で、二の句が継げなかった。

嘘だと思いたくて何度か背後を振り返ろうかと思ったのだけれど、それ以上に恐怖が強く勝ってしまい、首を動かすことができなかった。

奈月さんもどうやら同じ心境らしく、涙に滲んだ両目を前へと一点に据え置いたまま、ぎこちない足取りで通路を歩き続けている。

その後、地下鉄に乗りこみ、アパートが立つ住宅地へ戻る段になっても、女の話題は互いにひと言も口にださなかった。代わりに今夜観た映画の話をぽつりぽつりと交わし、女のことなど忘れるように努めた。

そんなやり取りが多少は気休めになったのか、住宅地を歩く頃には奈月さんの顔にも笑みが戻っていた。

折しも前日、高山さんは職場の取引先からそれなりに上等な牛肉をもらっていたので、さらに彼女を元気づけるべく料理の腕を振るおうと考える。それを告げると奈月さんは満面を子供のように輝かせ、「すごく楽しみ!」とはしゃいでくれた。

帰宅後、奈月さんは「着替えてくる」と言って、居間に隣接した寝室へ入っていった。どうせ風呂に入ればパジャマに着替えるだろうに、と思いながらも高山さんのほうは台所に陣取り、さっそく冷蔵庫から取りだした牛肉の調理にかかる。

調理と言っても基本的には味をつけて焼くだけなので、大した手間は掛からなかった。添え物のパンやサラダの準備を含めても、十分足らずで支度が整ってしまう。

料理を居間に運んでいったが、彼女はまだ寝室に籠《こも》ったままである。

「できたよ！」と声を掛けるも、中から返事は聞こえてこない。

再度呼んでも、やはり声は返ってこない。

怪訝に感じて引き戸を開いたとたん、目に飛びこんできた光景に悲鳴があがった。

寝室の中では奈月さんが、電気コードで首を括って宙にぶらさがっていた。

コードの片一方は、壁の天井近くに突き刺さったL字フックに結わえつけられている。本来は壁時計が掛けられているのだけど、時計は床の上へと投げだされていた。

奈月さんのつま先は床から二十センチほどの高さに浮き、フローリング張りの床には脚の内側を伝って滴り落ちた小便が、大きな水溜まりとなって広がっている。

顔は鬱血して紫色になっていた。耳以外の全ての穴から濁った液がしとどにこぼれて、顔じゅうをぐしゃぐしゃに濡れ乱している。

すぐに引きずりおろして救急車を呼んだが、奈月さんはその日のうちに息を引き取り、帰らぬ人となってしまった。

死に至るような動機は思い当たらず、遺書も書かれていなかった。

ゆえに最初はそれとなく、警察関係から高山さんに疑惑の目が向けられたのだけれど、それもほどなくすると立ち消えて、奈月さんの死は結局、自殺として処理された。

確たる裏付けはないにせよ、そんなものなどなくても関係ない。

頭の芯がざわめくような実感として高山さんは、奈月さんが自ら生命を絶った原因を地下鉄の連絡通路で出くわした、もうひとりの奈月さんにあると思い続けている。

彼女は見てはいけないものを見てしまったから、心を壊して死に至った。

そんなふうに思うのだけれど、なぜに彼女が斯様な不運に見舞われたのかは分からず、やりきれない気持ちを抱え続けたまま、今でも嘆き続けているという。

どっちがどっち？

夜更け過ぎ、自室のテーブルで本を読んでいるうち、眠気が差して意識が途切れる。
はっとなって顔をあげ、ベッドで寝ようと立ちあがる。
振り返ると、ベッドの中で自分が寝ている。

いるはずないのに

昭和の終わり頃、荻窪《おぎくぼ》さんが少年時代にこんなことがあったと語ってくれた。

小学三年生の時だという。

春の遠足で荻窪さんの学年は、隣県にある大きな遊園地に行くことになった。

行き先を知ってからというもの、当日を指折り楽しみにしつつ待っていたのだけれど、出発を間近に控えた数日前から荻窪さんは風邪をこじらせ、扁桃腺《へんとうせん》を腫らしてしまった。

親には「行きたい！」と大泣きしながら懇願したのだが、のどの腫れは一向に引かず、熱さえろくにさがらないということで、あえなく遠足行きはストップとなった。

ほどなく容態は回復し、登校することはできるようになったものの、同級生らの間で楽しげに交わされる遊園地の話題に入っていかれず、気分は一層沈んでしまう。

それから一週間ほど経った昼過ぎのこと。

教室の廊下に面した壁一面に、遠足中に撮影されたスナップ写真が貼りだされた。

同級生らがこぞって写真を見に行くので、荻窪さんも気後れしつつ背中を追った。

ジェットコースターに乗って悲鳴をあげる友人たちや、コーヒーカップに乗りながら笑みを浮かべる女子たちの写真を見ていると、気分はさらに沈んで落ちこんでいく。

ところが写真を目で追っているうちに、突然ぎょっとなって声をあげることになった。

園内の売店とおぼしき建物の前で友人たちが並んでクレープを食べている写真の中に、荻窪さんの姿もあった。

五人並んだ子供たちのいちばん右端で、荻窪さんもクレープを食べながら笑っている。

嘘だと思って友人たちに声を掛けると、写真を見た彼らもみんな驚いてしまった。

「いるはずねえよ!」と声を揃えて騒がれたが、そんなことは自分でも分かっている。

いるはずなんかないのである。

写真は一応買って、今でも手元に残っているのだけれど、まるで身に覚えがないのにクレープを食べながら笑う自分の姿は、何度見ても不気味に思えてならないという。

血の涙

会社員の充希《みつき》さんから聞かせてもらった話である。

もう八年近く前の話になるという。

当時、彼女が暮らしていた実家の近くに、廃業して久しい元個人病院の建物があった。

廃業時に看板は取り外されたが、建物のほうはそのまま取り残される形になっていた。

こうした物件の末路として、人気の途絶えた廃病院は、いつしか地元の若者たちによる肝試しの舞台と化していった。

みんなで大騒ぎしながら肝試しをするのは性に合わなかったのだけれど、充希さんは昔から心霊関係の書籍や映像が好きだったので、病院には多少なりとも興味があった。

それである休日の昼下がり、とうとう独りで中を探検してみることにしたのだという。

裏口に面した窓ガラスが割られているのを知っていたので、中に入るのは簡単だった。

窓を踏み越えて侵入した先は、灰色のロッカーがずらりと並ぶ小さな部屋だったので、おそらく以前は更衣室に使われていたのだろうと思う。昼でも不気味な様相だったため、スマホで写真を何枚か撮った。

そのままスマホを構えつつ、窓の向こう側に面した部屋のドアを開ける。

続いて視界の前方に見えてきたのは、埃まみれになってすっかり古びたカウンターと、カウンター越しに整然と並ぶ長椅子の光景だった。こちらは待合室のようである。

受付の内側など生まれて初めて見るものだったので、怖いながらも胸が少し高鳴った。興奮気味にドアから足を踏みだしていく。

弾みで手にしたスマホのシャッターボタンが、かしゃりと勝手に押されてしまった。

画面を確認すると、受付の中に並び立って笑みを浮かべる、看護師たちが写っていた。数は三人。いずれも両目から真っ赤な涙を流して笑っている。

はっとなって視線を前方に向け直したが、静まり返った受付には誰の姿もなかった。

即座に踵を返して背後の割れた窓から全速力で飛びだしてきて以来、再び病院の中に足を踏み入れることはなかったそうである。

許されず

妻が不慮の事故で逝って、早十余年。
その折々で、何度か心の揺れる出逢いもあった。
今度も気になる人が現れて、新たな門出を迎えたいと希《こいねが》う。
「許してくれないか?」
微笑を浮かべる妻の遺影に手を合わせると、みるみる顔から笑みが消え失せる。
針のような目で睨みつける妻の形相に「ごめん」と項垂れ、即座に想いを断ち切った。
妻の死後、これで五度目のことである。

森のカメラ

もう二十年近くも前の話になるという。

堤《つつみ》さんが休日、隣県にある自然公園にバードウォッチングへ出掛けた時の話である。

愛用の双眼鏡と望遠カメラを引っさげ、公園内に広がる森の中を散策しているさなか、腐りかけた切り株の上に、古びたカメラが置かれているのを見つけた。

黒と銀色のツートンカラーをした一眼レフカメラで、雨露と泥草に薄汚れたボディは、あちこちが赤黒く錆びついている。レンズは灰を被ったかのように白々と曇っていた。

カメラの型自体も少し古い。おそらく一世代前の物ではないかと思う。

誰かが忘れていった物なのか、それとも何かを意図して置き去られていった物なのか。事情は知る由《よし》もなかったが、ほとんど森の一部となりかけた一眼レフの状態を見る限り、放置されてだいぶ時間が経っていることだけは明白だった。

手にして検めてみると、見た目の荒れ具合に反して、ダメージは存外少なそうである。さすがに撮影するのは無理だろうが、もしかすると中身のほうは無事ではないかと思う。試しに巻き戻しクランクをいじってみたところ、フィルムの回る感触が確かにあった。慎重に巻き戻し、裏蓋を開いて出てきたフィルムは、外装が少し古ぼけてはいるものの、現像するのに問題はなさそうな状態に思えた。

好奇心に駆られ、帰宅するとすぐに自前の簡易ラボで写真を焼いた。

その結果、強い悪心と後悔に身の毛を逆立てることになる。

現像された二十枚ほどの写真には、いずれも裸の女が写っていた。

女は下草と落ち葉にまみれた地面の上に横たわり、激しく身をくねらせている。どうやら森の中で撮影されたとおぼしく、一眼レフが置かれてあった切り株の近くで撮られたものでないかと思ったが、くわしい場所は不明である。

湿った地面の上で、女は何かに苦しむかのように生白い四肢を滅茶苦茶にばたつかせ、細い胴を千切れんばかりに捩《よ》じらせている。

これだけでもすでに異様な写真だったのだが、それよりも堤さんを震え慄《おのの》かせたのは、女の顔のほうだった。

女は首からたくさんの顔が生えていた。全部で六つほどある。初めはただのブレかと思ったのだけれど、顔の造りが全部違った。若い女の顔もあれば、老女の顔もあり、中には小さな子供の顔まである。顔は、歯を剥きだしにした憤怒の形相を拵えたもの、嘲るような笑みを浮かべるもの、両目を大きく見開いて驚くような色を見せるものなど、表情もそれぞれ全て違った。いずれもはっきり写っているが、合成のたぐいとは思えず、首から生えた顔面同士が絡まるように折り重なって、互いにもがき合っているようにしか見えない。

一体これは、なんなのか。女の本当の顔さえ、判別することができなかった。

考え始めてまもなく、はっと我に返った堤さんは、現像した写真をネガフィルムごとスチール製のトレイの中へ放りこむと、即座に火をつけて処分した。

何も見なかったことにしたかったのだという。

今でも時折、写真の中でのたうち回る異様な女の姿が脳裏に浮かんでくる時はあるが、努めて余計な思いを巡らせないようにしているそうである。

そっちじゃない

今から十年ほど前、川上《かわかみ》さんが大学生だった頃の話である。

真夏の夕暮れ時、地元に暮らす友人たちと軽い肝試しをすることになった。

町の外れに聳える丘の上には、大分以前に廃業した結婚式場があり、幽霊が出るとの噂がまことしやかに囁かれていた。肝試しをおこないながら証拠も掴んでやろうと思い、デジカメを持参して現地に足を踏みこんだ。

内部は予期していたとおり滅茶苦茶に荒らされ、割れ散ったガラスの破片や木っ端屑、埃を被った備品のたぐいが、床の至るところに散乱している。

壁にも蹴り抜かれたとおぼしき大きな穴が空いていたり、卑猥な言葉や物騒な文言がどぎつい色をした缶スプレーで噴きつけられていたりと、かつての栄華は見る影もない。さながら粗忽者が好き勝手にリフォームした、お化け屋敷といった趣きである。

雰囲気だけは不気味だったが、特にこれといって怪しい気配を感じることはなかった。目ぼしい場所にカメラを向けて撮影を繰り返すも、こちらも何が写るでもない。

「やっぱり夜に来るべきだったのかもな」

半ば強がりのような台詞をこぼしながら歩いていると、背筋がふいにぞわりとなった。冷たい指で背中をするりと撫でつけられたような感触である。

はっとして振り返った先には、誰の姿もなかった。

背後には、観音開きの大きな扉がどっしり構えてあるだけである。

開けてみると、中は広々としたホールになっていた。披露宴に使用される部屋である。いずれも埃を被って薄汚れてはいたが、テーブルセットや照明機材といった備品類は、ほぼそのままの状態で保持されている。せっかくなので、新郎新婦が座る高砂席《たかさごせき》の前に友人たちを並ばせ、写真を撮ることにした。

笑みを浮かべる友人たちにカメラを向けて、シャッターを切る。

液晶画面を覗きこみ、さっそく撮影したばかりの写真を検めてみると、高砂席の前にずらりと並ぶ友人たちの姿と、うしろの席に座って微笑む白無垢姿の花嫁が写っている。加えて彼らの周囲には、白い粒状の小さな光が無数に浮かんで写っていた。

「お！　多分、これはオーブじゃねえ？」

友人たちに画面を見せると、彼らも口を揃えて「オーブっぽいな！」と色めいた。

だが、続けてホールの中を撮影したところ、白い粒状の光はどの写真にも写りこんだ。

冷静に判断した結果、フラッシュに乱反射した埃だろうということになる。

結局、心霊写真の撮影は収穫なしということで、川上さんたちは苦笑いを浮かべつつ、現場をあとにすることになった。


川上さんがようやく異変に気づいたのは、それから二週間ほど経った頃のことである。

ある日、大学の友人に肝試しへ行った時の話をした。

現場の雰囲気を共有すべく、デジカメに収めたデータを見せながら話していたのだが、液晶画面を見ていた友人が、突然「うおっ！」と凄まじい悲鳴をあげた。

「どうしたんだよ？」と驚く川上さんに、「モロに写ってんじゃん！」と友人が叫ぶ。

「何が？」と訝みながら画面を注視したとたん、川上さんも悲鳴をあげることになった。

なぜに今の今まで意識することがなかったのか。オーブどころの話ではなかった。

高砂席に座る得体の知れない花嫁の姿を認めるや、たちまち身体の芯まで凍りつく。

「どうして気づかなかったんだよ？」と尋ねられても、理由はまったく分からなかった。

件の花嫁は、あたかもその場に実在するかのごとく、微細な像を帯びて席に着いている。

白粉に染まった白い顔には、こちらを挑発するかのような薄い笑みが浮かんでいた。

あまりにもはっきりと写っているので、生身の人間ではないかと見紛うほどだったが、撮影当時、現場にこんな女がいたという記憶もない。

取り急ぎ、肝試しに同行した友人たちに連絡を取って写真を見せると、彼らも一様に悲鳴を張りあげ、「今まで全然分からなかった」と答えた。

当時の状況を含め、写真に写る花嫁の正体についても皆目見当がつかなかったのだが、「このまま手元に残しておくのはまずい」という危機感だけは強く募った。

写真はその日のうちに抹消し、その後は二度と結婚式場に近づくこともないという。

鬼念の黒巫女　肆

「もしかして、わたしも無意識に生霊をだしているってことはないんでしょうか？」

テーブル越しに若い女性客が、戸惑いがちな笑みを浮かべて尋ねてきた。

二〇一八年十二月下旬。今年も残り十日を切った、週末の昼下がりのことである。

前日から私は、泊まりがけで都内に出張相談へ出掛けていた。

主には新宿駅の近くにある小さな喫茶店で、予約を受けた相談客の話を聞くのである。

この日も朝から店内で、依頼主から持ちこまれた相談の対応に当たっていた。

昼過ぎから始まった二件目の相談は、対人関係の悩みに関するものだったのだけれど、ふとした話の流れから生霊の話題になった。

幸い、生霊が絡んでくるような案件ではなかったのだが、依頼主の女性客は係争中の相手に対して、自分のほうが無意識に生霊をだしてはいないかと俄《にわ》かに心配し始めた。

「絶対にないという保証はできかねますけど、可能性は限りなくゼロに近いと思います。皮肉な話ですが『心配する』ということが、ある種の抑止力になるらしいので」

実際の症例と経験を踏まえたうえでの回答を端的に示す。

長年拝み屋を続けるなかで、同種の質問はこれまで数えきれないほど向けられてきた。答えは私が判じる限り、例外なくＮＯだった。

仕組みは不明な点も多いのだが、「自分が生霊をだしたらどうしよう」という懸念が、自然と発生を押しこめてしまうのかもしれない。

加えてもうひとつ。基本的には「無意識状態」という条件下で成立する生霊の発生を当事者自身が意識することで「無意識」という前提が崩れ、生じ得なくなってしまう。

一応、こうした仮説めいた考察はできるにせよ、どちらも個人的な推察の域を出ない。個人差も含めた例外もあるだろうし、絶対にこうだと言い切れるほどの自信はない。

「そうなんですね」と応えた女性客の顔が困惑気味だったので、もうひとつだけ持論を提示することにした。

「不満を抱く相手方に対して、自分の気持ちを少なからず表明できている人というのも、やはり生霊をだしづらいものらしいです。だからあなたの場合も大丈夫でしょう」

己の意思では怖くて伝えられないこと。嫉妬や妬みといった、表明しても周囲からは共感の得られない身勝手な感情。あるいは歪んだ欲望に基づく後ろめたい欲求など。

他人に不幸な影響をおよぼす生霊というのは、生身の当人が相手に向かって表立った意見を主張できない場合に発生しやすい。

「外には決してだすまい」と心で必死に抑えながらも、本当は吐きだしたくて堪らない生者の秘めたる魂の叫び。それが生霊という怪異の本質であるとも言える。

これも長年、多くの症例を見てきたうえでの推察である。

その点、彼女については、係争中の相手にこうした感情を持ち合わせていなかったし、必要に応じて代理人を介し、相手に自分の意思を伝えるようにしていた。

伝えるごとに状況は進展し、鬱屈した感情もそれなりには発散されているはずなので、心に生霊が生じるだけの土壌が形成されづらいのである。

噛んで含めるように伝えると、ようやく彼女はそれなりに安心してくれたようだった。

時間は限られているため、話を本題に戻すことにする。

仕事が終わったのは午後の三時頃。この日はさらにもう一件、別の予約が入っていた。次の相談客が訪ねて来る前に用を足しておこうと思い、席を立つ。

店のトイレへ向かい始めたところで携帯電話が鳴った。

ディスプレイ画面を確認すると、相手は哲盛安男である。

前回、生霊除けの御守りを作って渡してから、すでに二週間近くが経っていた。

あれからなんの音沙汰もなかったので、状況はそれなりに落ち着いているのだろうと思っていたのだが、今頃になってどうしたというのだろう。哲盛の背後に屹立していた、影のように黒々と染まる藤宮蓮華の姿が脳裏を掠め、勃然《ぼつぜん》と不安が募り始める。

通話に応じると案の定、哲盛の声音は暗く淀んで、歯切れも悪いのがすぐに分かった。

「ご無沙汰してます。実は前から話したいことがあったんですが、なんか言いづらくて。今ってお時間、大丈夫ですか……？」

縋るような声で尋ねられたが、あいにくあと数分もすれば、次の相談客が来てしまう。やむをえず、二時間後にこちらから折り返すのはどうかと提案した。

「分かりました。待ってます。あ……でも、先に見といてもらいたいものがあるんです。先生のケータイにデータを送りますんで、できれば見といてもらえませんか？」

「分かりました」と告げ、ひとまず通話を終える。

それからまもなく、画像データが添付されたメールが届いた。

中を開くと小さな液晶画面いっぱいに、影のごとく暗い色に染まった女の顔が現れた。

最初に哲盛が送ってきた写真の女と同じ、藤宮蓮華の顔である。

やはりこの件か。顔つきも、前より一段と険しくなったように感じられる。

ますます居ても立っても居られない気分になってきたが、今はもう時間の余裕がない。

手早く用を済ませ、次の仕事に備えることにした。

席に戻ってほどなくすると、新たな相談客が店に現れた。都内で会社経営をしている五十代の女性だったのだが、なんの因果だろうか、生霊に関する相談だった。

得体の知れない不穏な事象の符号に面食らいながらも、ぎりぎりの一線で平静を保ち、午後の五時過ぎにどうにか仕事を終わらせる。相談客が店から出ていったのを見計らい、急いで哲盛に連絡を入れた。

「お待たせしました。写真、見ましたよ。今はどういう状況になっているんですか?」

「写真は今日、先生に連絡を入れる少し前に撮ったものです。会社で仕事をしていたら自分のすぐ目の前に物凄く強い気配を感じたんで、恐る恐るカメラを向けてみたんです。それで撮れたのがあれ。先生の目から見ても、藤宮さんで間違いないですよね?」

そわそわと落ち着きのない口ぶりで哲盛が答える。

「体調のほうはどうです？　治まりました？　それとも少しは軽くなりましたか？」

「実は前からその話もしたかったんです。こういう言い方をするのはアレなんですけど、全然良くなってません。御守りをもらってからも症状はずっと、変わらないままです。だるさも眠気も偏頭痛もだし、怪しい気配が消えることもなかったです……」

「それなら早めに連絡してくれればよかったのに」と返した私の言葉に、哲盛のほうは「見放されるんじゃないかと思ったんです」と答えた。

「前に先生の御守りをぐしゃぐしゃにしてますからね。『効かない』なんて報告したら、今度こそ本当に匙《さじ》を投げられるんじゃないかと思ってたんです。それにしばらくの間は『反省しながら耐えろ』とも言われてましたし、毎日必死になって我慢してたんですよ。けどもう、今日の写真でさすがに気力も限界です……」

　彼の言い分はよく分かった。問題客とはいえ、先日の相談時にはそっけない素振りを見せ過ぎたと思い、反省する。相談客がこちらに萎縮して連絡を躊躇してしまうのでは、仕事を引き受けた意味がない。

　しかし、なおも不遜なことながら、私の頭は哲盛の容態そのものを心配するより先に、別の問題について思案を巡らすことになっていた。

御守りがまったく効いていないとは、どういうことだろう？

どれだけ素行に問題がある人物でも、御守り自体は私情を抜きにしてしっかり作った。製作工程も一切端折らず、いつもと同じ手順を踏んで作りあげたつもりである。

「微妙に効いている感じもないですか？　正しい用法で使っているんですよね？」

「はい。言われたとおりに肌身離さず大事に持ってますよ。財布に入れてるんですけど、いいんですよね？　何度も言いづらいんですけど、効いてる感じはしないです……」

それでいい。使い方は間違っていない。ならばどうして効力が現れないのか。

目まぐるしく思案を続けるさなか、考えられる可能性がふたつ、脳裏に浮上してきた。ひとつはとてつもなく厭な憶測だったのだけれど、確認してみないことには分からない。

思いきって尋ねてみる。

「御守りの外装なんですけど、今はどういう状態になっています？」

「外装？　ああ、白い紙包みのことですよね。特に変わった感じはないですよ」

哲盛の答えに、胃の腑がすっと冷たくなる。

「端のほうから少しずつ紙が破けてきているとか、紙の色が微妙に黄ばんできていたり、あるいは黒ずんできたりはしていません？」

「いや、見る限りは別に。ちゃんと大事に扱ってますって。粗末になんかしてません」

いささか慌てた調子で哲盛は答えたが、別にそんなことを疑って尋ねたのではない。

これで原因がはっきりした。

私の作った御守りは、まったく機能していなかったのである。

私の場合、御守りは通常、素材に半紙を用いて作る。小さく切った紙の上に魔除けや生霊除け、呪い返しなど、用途に合わせた呪句や図象を書きこみ、できあがった御札をさらに半紙に包んで手のひら大に折り畳む。こうして形を仕上げた紙包みを祭壇に祀り、所定の呪文を唱えることで御守りは初めて特別な力を宿し、完成となるのである。

御守りとは書いて字のごとく、所有者の身を守るためにその機能を発揮する。

哲盛に渡した生霊除けを始め、外敵からの攻撃を防ぐことを目的とした御守りの場合、防ぐ頻度が高くなるほど、紙の劣化も速くなる。具体的には先ほど哲盛に示したとおり、外装が傷んで破け始める、変色するといった症状が多い。

こちらが推定していた以上に藤宮の発する生霊の勢いが凄まじく、短い間に御守りが効力を使い果たしてしまったのならば、哲盛の身に生じる不調が改善されないことへの答えになってくれるはずだった。

だが実際は、それ以前の問題だったのである。

外装が少しも劣化していないうえに、彼の容態も変わらぬままということはすなわち、私の作った御守りが初めから機能していなかったという、確たる裏付けになってしまう。

お祓いのたびに生じる背中の激痛に始まり、視えぬ聞こえぬという感覚的な機能不全、それに続いて今度はとうとう、自作の御守りにさえ力が宿らなくなってしまった。

これで「売り」がさらにひとつ減った。現役の拝み屋として、私が他にできることは残りいくつになったのだろう。進退窮《きわ》まるとは、まさにこのことである。

「それであのう……これからぶっちゃけ、私はどうしたらいいんですかね？」

こっちもそうだよと苦笑いを浮かべつつ、哲盛の件についてはすぐに答えが出た。

「どうしたらも何も、楽になりたいんですよね？」

「え？　ああ、もちろんですよ。こんなに怖くてつらい毎日、もうたくさんです……」

「分かりました。なんとかやってみます。体調がよくなったら、また連絡ください」

あとは返事を待たず、そのまま電話を切った。

続いて、持参していたノートPCをテーブルの上で開き、藤宮蓮華の連絡先を調べる。

電話番号をメモすると会計を済ませ、店を出た。

人混みで賑わう駅前の歩道を突き進み、今度は手頃なカラオケ店を見つけて入り直す。案内された個室の席に着いて呼吸を少し整えたのち、藤宮の番号に連絡を入れた。

さっさとこの件を終わりにしたい気持ちもあったのだが、半ば自暴自棄になっていた節もある。リスクが高いのを承知のうえで、直談判に踏み切ることにした。

腹は決めても緊張しながら呼びだし音を聞いていると、三度目のコールで藤宮が出た。年代よりも若干若い印象を抱かせる、張りのあるしなやかな声である。

「お忙しいところ恐れ入ります。同じ宮城で拝み屋をしております、郷内と申します」

こちらの身分を明かすと、藤宮はわずかに戸惑う素振りをうかがわせるのが分かった。

我々の仕事において、面識のない同業者から連絡が来るのは極めて珍しいことである。あっても大抵、ろくな用件ではない。おそらく警戒しているのだろう。

「どういったご用件でしょうか？」

幽かに緊張の色を含んだ声音で藤宮が問う。

「まあ、個人情報の漏洩《ろうえい》になるので少々気は咎《とが》めるのですが、実は現在、私のところに哲盛安男という人物がちょこちょこ相談事に訪ねて来ているんです。歳は四十代半ばで、ＩＴ関係の零細企業を経営している男。彼のこと、ご存じですよね？」

「そちらのおっしゃるとおり、個人情報の漏洩になりますのでお答えいたしかねます」

「なるほど。『ご存じ』ということで受け取らせていただきます。そのうえで少しだけ、私の話を聞いていただいてもよろしいでしょうか？」

一拍置いて短い吐息が聞こえてきたあと、藤宮は「なんでしょう？」と答えた。

どうやらひとまず乗ってきた。第一関門突破である。

あとはこちらに敵愾心《てきがいしん》を向けられることなく、どのタイミングで決着を着けられるか。腕の見せどころといったところだが、大した自信があるわけではなかった。

「人を頼って訪ねてくるのはいいんですが、何かと素行に問題がある人物なんですよね。物事の捉え方が自己中心的というか、道理を弁えないというか、とにかく応対していて逐一疲れることばかりです」

自嘲気味な声風でこぼすように伝えると、藤宮は小さな声で「そうですか」と答えた。私の耳には「続けてください」と言ったように聞こえた。

「何しろ、持ちこむ相談事も『宝くじが絶対当たるようにしてください』とかですしね。基本的には話にもなりません。そのうえ自己中だからやたらとキレっぽく、一度なんかせっかく作った御守りを目の前で揉みくちゃにされたこともあります」

「それは大変でしたね。お気の毒に。差し出がましいようですが、そんなにひどい目に遭われているのでしたら、手を引かれてもよろしいのに」

「お気遣いいただき、恐縮です。できれば私も関わりたくはないんですけどね」

　哲盛が初めて私の許を訪ねて来た時期や回数など、一部の事実をはぐらかしたうえで、哲盛安男という問題客に関する要点だけを挙げ連ねていく。早い段階で藤宮のほうから同情的な反応が返って来たのは幸いだった。さらに話を続けていく。

「ただ、こういう人物ですからね。話を聞くと、よそでもいろいろトラブルを起こして出禁になっているところが多いらしい。今のところ、私以外に頼る者がいないようです。それにちょっと放っておけない事情もあって、渋々ながら付き合っている感じですよ」

「放っておかれないご事情ですか。なんでしょう……。もしかすると、その件に関する問題というのが、わたしにご連絡をしてこられたご用件になるのでしょうか？」

　微妙に警戒の色を戻した口調で、藤宮が尋ねてくる。その声風に背筋が少し強張った。

「ご明察です。実を言うと哲盛さん、人からいろんな恨みを頂戴しているものですから、私の判断する限りでは、どうやら生霊の被害も受けているらしい。自覚症状もあるので、可能であれば綺麗に解消して差しあげたあとに縁を切りたいと考えているんです」

「それはどういう意味でしょうか？」

藤宮の声音ががらりと変わった。吐息が白く凍てつくような、冷たく鋭い声である。

「正直なところ、彼がどの程度まで反省しているのかなんて、私には見当もつきません。一応、それなりに悔いる様子は見られますが、反省の度合いまでは分かるもんじゃない。でもその一方、身体に不調を感じる期間も長くなってきていますし、そろそろこの辺で十分なんじゃないかと思うんです」

「だからそれはどういう意味なんでしょうか？」

「哲盛さんに生霊を送るのは、もうやめてください。お願いします」

有無を言わさず、呪文を唱えるようにさらりと一気に申し告げる。

これで藤宮はもう、これから心の内にどんな気持ちを抱き続けようと、哲盛に対して二度と生霊を送ることはできなくなる。

生霊の被害を解消するのに、もっとも有効かつ確実な手段がこれだった。

生霊を発する生身の本人に対して、被害者の名前を挙げたうえで加害の停止を求める。

これもくわしい道理は不明ながら、昔から拝み屋の業界に伝わる生霊祓いの極意だった。私の場合は駆け出しの頃、師匠筋に当たる人物から教わっている。

手順自体は驚くほどに単純である。だが、実行するのはなかなか容易なことではない。

それはなぜか？

「ずいぶんな言い様ですね。不躾《ぶしつけ》に連絡をよこして、人を生霊呼ばわりですか」

大概はこのように、今度は生身の張本人から直接非難を浴びる羽目になるからである。

だから効果は証明されていながらも、過去には数えるほどしか実践したことがなかった。

確実な解決という結果を天秤に掛けても、あまりにリスクが高過ぎるのだ。

藤宮がどのように受け取ろうが、こちらが宣告した時点で生霊の停止は完遂している。

鬼念の黒巫女と哲盛に関する問題は、これでもう解決である。

だが、このまま逃げるように電話を切るわけにはいかなった。

うまい具合に火消しも済ませておかないと、今度は私に向かって火の粉が降りかかる。

それも下手をすると生霊などという生易しいものではなく、もっと苛烈な手段を用いて藤宮が報復に出てくる可能性もある。

ただでさえ持病を抱えて弱り気味だというのに、そんな憂き目に遭うのは御免である。

加えて御守りさえも満足に作れなくなった今の私では、自衛する手段さえままならない。

最悪の事態になることだけは、是が非でも回避しなければならなかった。

「失礼な発言になることは重々承知のうえでお伝えしました。ですが、どうかご理解を。あなたを侮辱したり、非難したりする意図はありません。非礼はお詫びいたします」

「侮辱や非難に当たるか否か。それは、わたしのほうが判断することだと思いますが」

冷ややかな声で言い放つ藤宮を「まあまあ」と制して、話を続ける。

「ネットの書きこみの件を含め、哲盛さんから諸々ひどいことをされたと伺っています。公平に判断する限り、どう考えても非があるのは向こうのほうですね。話を聞いていて開いた口が塞がりませんでした。非常識の極みと言っても差し支えないでしょう」

「ネットの件までご存じなんですね……。てっきり、自分の落ち度を全部隠したうえで、わたしのことをあなたに話しているんだと思っていました。小狡《こずる》い性格の人ですからね。でしたらお話ししますけど、わたしは確かに怒っていますよ。今でも相当怒っています。仕事の内容に対する誹謗中傷や、性的な悪口を書きこまれたこともかなり堪えましたが、何よりいちばん許せなかったのは、猫のことです。今でも思いだすと涙が出てきます」

威嚇《いかく》をこめた冷淡な声色が、言葉の最後に少しだけ萎れてくぐもるのが分かった。

「猫？　猫ってなんのことです？　それは初めて聞きましたけど」

「はい？　あの人、わたしの猫のことは話していないんですか？」

「ええ、何も」と答えると、藤宮は大きなため息をつき、「やっぱり狡い」とこぼした。

「実は少し前に、飼っていた猫が亡くなってしまったんです」

藤宮が語るところによると先月の初め頃、ちょうど哲盛が藤宮に無謀な想いを告げて玉砕される、二週間ほど前のことだという。

藤宮が飼っていた猫が、車に撥ねられて亡くなった。

ルミーという雄の黒猫で、彼女と十五年近く暮らした猫だった。ルミーは仕事場にも時々顔をだしていたので、生前は相談客らにも広く親しまれる存在だったらしい。

「ルミーが亡くなったことはあの人も知って、『ご愁傷様です』なんて言ってたくせに、わたしが交際を断って出入り禁止にしたとたん、まずは『糞猫共々地獄に落ちろ！』と捨て台詞を吐いて帰って行きました。それから例の書きこみが始まったんです」

ネットにばら撒かれた書きこみの数々には、ルミーの死を指す罵詈雑言も少なからず散見されたという。

曰く、飼い猫の命も守れない無能なペテン師。バカ猫が死んだのは、霊障によるもの。轢《ひ》かれたバカ猫は成仏できず、今も死亡現場をうろついている。猫バーガーの霊に注意。以前から目障りなバカ猫だったので、死んでくれてせいせいした。轢き殺した人に感謝。

等々、思わず目を疑わずにはいられないような心無いコメントが、藤宮本人に対する誹謗中傷に交じってこれみよがしに投稿されていったそうである。

「大半の書き込みはもう消えてしまったのですが、それでも一部はまだ残ったままです。お客さんが見つけて教えてくれるんです。書かれた言葉を確認するたび、涙が出てきて。だって猫は関係ないじゃないですか。ルミーがあの人に一体何をしたっていうんです？　わたしは絶対にあの人のことを許せない……」

次第に声を震わせながら、藤宮が滔々と胸の内を明かし始める。

「ルミーはきっと虹の橋を渡って、今は楽しいところで毎日を幸せに暮らしているんだ。そんなふうに思いながら供養をしているんですけど、あの人が書いた悪口を思いだすと本当に成仏しているのかなって、疑ってしまうことがあるんです。それがすごく辛くて。ルミーが生きていた頃の思い出にまで、あの人の顔や言葉が被さってくることもあって、そのたびに胸が引き裂かれるような思いに苦しめられます。ひどい話じゃないですか？　だから絶対に許せない！　わたしは今でもずっと、怒り続けたままでいます！」

「当然の感情だと思います。大事な話を教えていただき、ありがとうございます」

激昂する藤宮の言葉の合間を縫うように、必要なことだけ手短に伝えた。

「でも、これははっきりと誓います。だからと言ってわたしはあの人のことを呪ったり、意図してあの人が不幸になったりするようなことは何もしていません」

「ええ、承知しています。そんなことは疑ってさえいませんよ」

「ですが、あの人のことを許せないという気持ちが、わたしの預かり知らないところで勝手に顕現《けんげん》されてしまっていたんでしょうね。信じていただき、ありがとうございます。わたしもあなたの話を疑わないことにします。そう……生霊ですか。お恥ずかしい」

「いいえ、恥じ入ることはありません。本来、恥じ入るべきは向こうのほうです」

声が柔らかくなった。少なくとも、こちらに対する敵意は収まったようでほっとする。一時はどうなることかと肝を冷やしたが、彼女が分別の分かる思慮深い人物で助かった。

同時にこんなことを考えた。写真に写った、藤宮の色である。

あれはおそらく、影のように黒かったのではない。飼い猫のように黒かったのである。

ルミーのことを大事に想う彼女の優しい気持ちが、生霊という無意識の念となっても喪中の印のような色として、この世ならざる姿の上に滲み出たのではないだろうか。

「実は私も、家で猫を二匹飼っているんです。口幅ったいようですが、飼い猫のことを侮辱される気持ちは、それなりに理解しているつもりです。本当に大変でしたね」

「ありがとうございます。そうなんですか、お宅にも猫ちゃんがいらっしゃるんですね。お名前はなんておっしゃるんですか？」

「ペルとトミー。どっちも雄。ペルは茶虎で、トミーは黒。二匹とも可愛いですよ」

「トミー。色も名前も、なんだかレミーと似てますね。大事にしてあげてください」

「ええ、大事にしています」

「あの、余計なことかもしれませんけど、あの人とは本当に縁を切る予定なんですか？わたしは別にどちらでも構わないんですけど、それでも少しは気になるので」

遠慮がちな素振りで尋ねられたが、そんなことは言わずもがなである。

「ええ、もちろんです。猫の話を聞かせてもらって、彼のことを改めて見損ないました。今日、藤宮さんと電話で話したことは漏らしませんけど、それなりの戒告をしたうえで、綺麗さっぱり縁を切らせてもらうつもりです」

「そうですか。でしたら安心しました。生霊、もうださないように気をつけますね」

「気をつけなくても、もう出ませんよ。こちらこそ、煩《わずら》わしい連絡を差しあげてしまい、申しわけありませんでした。ルミーのこと、気持ちよく拝んであげてください」

藤宮から色よい返事がもらえたのを機に、ようやく通話を終わらせた。

それから二時間近くが過ぎた、午後九時過ぎのことである。

定宿にしているカプセルホテルに戻り、ロビーの隅でコンビニ弁当を咀嚼《そしゃく》していると、哲盛から連絡が入った。弁当を食べながら通話に応じる。

「遅い時間にすみません。今ちょっと、大丈夫ですか？」

わたわたしているが、どことなく弾んだ声で哲盛が言った。

「ええ、別に構いませんよ。どうされました？」

「実は夜になってすぐくらいの時間から、身体のだるさがだんだん抜けてきたんですよ。最初は気のせいかなと思ったんですけど、そのうち頭のほうも眠気がすっきりしてきて、頭痛も消えてなくなりました。しばらく様子を見ていてもずっと調子がいいままなので、先生に言われたとおり、報告させてもらおうかと思って」

「それはよかった。何よりですね」

「先生、何かしたんでしょ？　さっき、なんとかやってみますとか言ってましたよね？　だって、そうじゃないと変ですよ？　身体、嘘みたいにすっかり良くなったんだもん」

へらへらと笑い声を混じらせながら語る哲盛の言葉に、みるみる食欲が滞る。

「さあね。そんなこと言いましたっけ？　治ったんだったら良かったじゃないですか」

箸を置き、テーブルに頬杖を突きながら、こちらもへらへらと適当に答えてやる。

「またまたあ！　もしかして謙遜《けんそん》しちゃってるんですか？　隠さなくてもいいですよ！

本当に先生はどんなことをして、この忌まわしい生霊事件を解決してくれたんですか？

あ、ていうか解決って思っていいんですかね？　周りから変な気配も消えたんですけど、
今後は藤宮さんの生霊、私のところに来なくなります？」

「ええ、ご心配なく。ご安心いただいて結構ですよ」

「うわあ、良かったです！　でも冗談抜きに教えてくださいよお！　どんなことをして
私の身体を治してくれたっていうんですか？」

「そんなのはもういいでしょう。それよりも、今回の件は引き続き反省してくださいね。

長々と恐ろしい思いをされたでしょうが、原因は全部、ご自身にあることをお忘れなく。

これから先、二度と同じ過ちを繰り返されることのないよう、心から祈っています」

「ええ、ええ、それはしっかり胸に刻んでおきます。でも大丈夫です、懲りましたから。

こういうこともあるんだって分かれば、さすがに用心するってもんです！」

言い草。まったくもってうんざりする。なんのために身体を張ったのだろうと思う。

「もしも今後、またぞろあなたが誰かを軽はずみに傷付けるようなことをしでかしたら、その時は私が生霊になって、あなたに襲い掛かるかもしれませんね」

「またまたあ！　それは絶対ないですって！　だって生霊っていうのは、生身の人間が無意識のうちにだしちゃうっていう霊でしょ？　先生、自分の口で言っちゃった時点でもう意識してますから、だすことできないじゃないですか！」

「だったら代わりに貴様の藁人形を拵えて、タマに思いっきり五寸釘をぶちこんでやる。素人風情が調子に乗って、分かったふうなことを言ってんな」

そのままぶつりと電話を切ると、すぐさま着信拒否にしてやった。

怒りはほんの一瞬沸いて弾けただけで、あとは代わりに虚しさのほうが沁み出てきた。それに加えて夕方から続く不穏な予感も混じり合い、気分を一層殺伐とさせてゆく。

もはや御守りさえも作れない。今度は何ができなくなってしまうのだろう。

怖くて目を背けたくても、無視して前に進むこともできない問題だとも分かっていた。いよいよもって、今後の身の振り方を真剣に考えねばならない時が来たのである。

思い倣し、考えるのだけれど、悩むのだけれど、結局この夜は心が暗く沈むばかりで、答えは何も出ることはなかった。

進んでいく

二〇一八年十二月下旬。都内への出張相談から戻った、翌日のことである。

仙台に住む三十代の女性から、対面相談の依頼があった。

朝方、問い合わせの電話が来た時は、正直な話、気乗りがしなくて断ろうかと思った。

三日前に哲盛安男と藤宮蓮華の一件を解決して以来、帰宅してからも気分は沈みがちで、今後の仕事の方針についても思いの定まらない状態に陥っていたからである。

拝み屋としてまともに対応できる用件が日に日に目減りしていくこの状況下において、果たして自分に何ができるというのか。そんな気持ちが先立つと自ずと萎縮してしまい、依頼主の要望に応える自信が持てなかった。

けれども結局、私はこの日、彼女の依頼を引き受けることにした。

写真にまつわる相談だったからである。なんだか因縁めいたものを感じてしまった。

依頼主の名は、里美《さとみ》さん。市内のマンションに夫とふたりで暮らしているのだという。すぐにでも出てこられるというので、午前中に予約を受けることにした。

約束していた十一時より三十分ほど早く、彼女は車で我が家を訪ねてきた。

さっそく仕事場に通し、話を伺うことにする。

「写真は持ってきたんですけど、一から順を追ってお話ししたいので、お見せするのは最後のほうでもよろしいでしょうか？」

座卓の向かい側から、困惑気味な面持ちで里美さんが語る。

「構いませんよ」と返し、黙って話に耳を傾けることにした。

三日前の夜だという。彼女は夫とふたりで、光のページェントを見に出掛けた。

光のページェントというのは、毎年十二月になると催される市民行事のひとつである。定禅寺通りに植えられたケヤキ並木に数十万個のＬＥＤを飾りつけてライトアップするイルミネーションイベントで、開催期間中は野外ライヴやパレードなどもおこなわれる。

通学路だったので私も専門学生時代には、季節になると横目にしながら下校していた。

里美さんの暮らすマンションから定禅寺通りは、歩いてすぐの距離にあるのだという。エントランスを抜けて歩道の角を曲がった先はもう、ケヤキ並木の光輝く大通りである。

幻想的な光景に夫婦で胸躍らせ、通りの各所でおこなわれている小さなコンサートやパフォーマンスを冷やかしながら、会場の方々を二時間ほど気の向くままに練り歩いた。その間、夫は持参したデジカメで目ぼしい光景を写真に収め続けていた。

やがてマンションの前まで戻ってくると、夫が「せっかくだからもう一枚」と言って、里美さんにカメラを向けてきた。街灯の薄明かりに照らされた駐車場のまんなかに立ち、マンションを背にして写真を一枚撮ってもらう。

「その時に撮影されたのが、これなんですけど」

里美さんが、茶封筒から抜きだした写真を座卓の上に置く。

身を乗りだして覗きこんでまもなく、はっとなって危うく声があがりそうになった。

縦の構図で撮られた写真の中には、薄暗い駐車場に立つ里美さんの全身が写っている。その背後には彼女が語ったとおり、窓から明かりが漏れるマンションも写っている。

これだけならば、なんの変哲もないスナップ写真なのだが、写真の中には誰の目にもすぐにそれと分かるほど、異様なものがはっきりと写りこんでいた。

里美さんの顔からちょうど二メートルほど上方。マンションの窓から漏れる明かりが無数に並ぶ暗闇の中空に、男の顔が浮かんでいる。

首から下はない。生首だけが風船のごとく、ふわりと宙に浮いている。

ふさふさとした黒髪で、顔には金縁の眼鏡を掛けている。輪郭はふっくらとしていて、満面に屈託のない笑みを湛《たた》えながら、目尻の緩めた柔和な視線をこちらに向けている。

万代君だった。

間違えるべくもない。ひと目見るなり、すぐに彼の顔だと分かった。

「もしかして、お住まいは市民会館の近くじゃありませんか？」

こちらの驚愕を気取られぬよう、努めて何食わぬ素振りで里美さんに尋ねる。

「ええ、そうです」とのことだった。

「なるほどな」と、こちらは思う。

写真の中で彼女が立っている駐車場は、私が昔通っていた美術専門学校の跡地である。校舎が取り壊されたのちにも何度か近くへ足を運んでいるので、マンションの構えにも見覚えがあった。こちらも間違いなかろう。

「もう十年以上も暮らしているんですが、今までこんな写真が撮れたことはなかったし、他に変なこともなかったんですけどね。これって一体、なんなんでしょうか……？」

不安げな眼差しで写真を見ながら、里美さんが言う。

「写真が撮れてから今日に至るまで、他に変わったことはありませんでしたか？」

「何もないです」とのことだった。体調に関する異変なども、夫婦共々ないそうである。ただ、なんの前触れもなくこんな写真が撮れてしまったので気味が悪いのだという。

「心霊写真なんてものは大概、そんなものですよ。こちらの都合や反応もお構いなしに、勝手に撮れてしまうものなんです。だいぶ驚いてしまったようですが、ご安心ください。私の見る限りでは、なんの害もない写真だと思います」

「本当ですか？　こんなにはっきり写っているのに？　これって若い男の子ですよね？どういう背景がある霊なんでしょうか？」

「そうですね。まあ、断言はできませんけど、ここの土地に何かしら強い愛着があって、昔を懐かしんで現れたって感じでしょうかね。首から下がないのは少々不気味ですけど、でもよく見ると、いい笑顔をしているって思いません？」

私も笑みを浮かべて、写真に写る万代君の顔を指し示す。

「うん。言われてみると、確かに怖い顔じゃありませんね。たとえばなんて言うかこう、友達と一緒に笑い合ってる時の顔みたい。そんなふうにも見える気がします」

彼女の何気ないひと言にふいを突かれ、涙がこぼれそうになったが、どうにか堪えた。

「この写真、どうしたらいいんでしょうか？」

「私のほうで供養させていただきます。カメラのほうにデータが残っているんでしたら、そちらは消去していただくだけで結構です。記念にとっておきたいなら別ですが」

「まさか！　でも安心しました。ではお手数をお掛けしますが、お任せいたします」

納得してもらえたところで、この日の相談は終わりとなった。

里美さんを玄関口まで見送り、再び仕事場へと引き返す。

「もしかしたらすぐそばにいるのかもしれないけど、悪いね。今は姿が視えない」

座卓に置かれた写真に向かって、草を食むようなゆったりとした口調で語りかける。

「だからこういう形で会いに来てくれたのかな。だったら嬉しい。ありがとう」

写真を両手で丁寧に掴むと、座卓の脇に設えている大きな祭壇の上に供え直す。

供養の経を唱え始めると、心が少し軽くなっていくような気がした。

望まぬ岐路に立たされ、進路に惑う。暗い絶望に打ちひしがれながら、再起に悶える。

苦境のさなか、己が人生を振り返る時、大事な記憶として心の水際《みぎわ》に見えてくるもの。

真弓とふたりで作った数えきれない思い出を除けば、他は専門学生時代に作りあげた、短くも輝かしい情景がその大半を占めた。

いつだってそうだった。今も万代君の冥福を祈りながら、昔のことを思いだしている。

そうやってもう一度、いつだって、ようやくの思いで、私は前へと進んでいった。

だから今度もあきらめない。思い出を糧に進んでいく。これから先も真弓とふたりでたくさんの新しい思い出を作っていきたいと思うから。

先月の下旬、古い心霊写真のＤＶＤに写っていた万代君の顔。

九〇年代の末、彼がまだ在りし頃に撮影されたとおぼしき、極めて不可解な写真。

未だに真相は不明のままだが、拝みながらふと、脳裏にこんなことが浮かんできた。

思うにあれは、万代君の生霊だったのではなかろうか。

在学当時、彼はＲＰＧとファンタジーが大好きだったのだ。時代を超えたいつの日か、古い友人たちとこんな奇妙な邂逅が果たされることを期待して、遠い昔に彼の無意識がどこかで像を結んで写真に収まってしまったのかもしれない。

一種のフラグのようなものである。ＲＰＧにはつきものの。

答え合わせはできないし、理屈の拙い結果論のように思えなくもなかったのだけれど、一度思いついてしまうと妙に納得できるものがあって、頭から離れなくなってしまった。

だからきっと答えは合っているのだろうと、このまま信じ続けることにした。

「『ファイナルファンタジーⅦ』は、今度リメイクが出る。発売したら一緒に遊ぼう」

その時まで私は生きているから、遊びにおいで。その先も私はずっと生きているから、いつでも気が向いた時にまた遊びに来てくれたらいい。

供養の経を唱えながら万代君に語りかけ、自分自身に約束する。

たっぷり時間を掛けて拝み終えると、気分はどうにか普段と同じほどには戻っていた。浮きもせず、沈みもせず、ちょうどいいぐらいの安定値である。気が安らぐ。

一息つこうと思い、座卓の定位置へ座り直したところ、卓上に置いていた携帯電話に着信が入っていたことに気がついた。マナーモードにしていたのである。

発信主は、知り合いの拝み屋。先月の半ば頃から引き受けている例の変則的な仕事は、未だに終わりを見ていなかった。何か進展があったのかと思う。

掛け直してみるとやはりそうだった。助手がすぐに車で迎えに行くという。

迷うことなく「分かりました、浮舟《うきふね》さん」と返し、迎えが来るのを待つことにした。

拝み屋としてできることはずいぶん減ってしまったが、できることもまだ残っている。

少なくとも誰かに必要とされる限り、今はまだ続けていこうと強く思う。

進んでいく。進んでいこうと思いながら、迎えが来るのを私は待った。

拝み屋備忘録　鬼念の黒巫女

2022年4月4日　初版第1刷発行

著者……………………………………………………………………………… 郷内心瞳
デザイン・DTP ……………………………………………… 荻窪裕司(design clopper)
企画・編集 ……………………………………………………………………Studio DARA

発行人…………………………………………………………………………… 後藤明信
発行所…………………………………………………………………… 株式会社 竹書房
〒102-0075　東京都千代田区三番町８－１　三番町東急ビル６F
email：info@takeshobo.co.jp
http：//www.takeshobo.co.jp
印刷所……………………………………………………………… 中央精版印刷株式会社